NOS AMIES
LES
BALEINES

JACQUES-YVES COUSTEAU
ET
PHILIPPE DIOLÉ

NOS AMIES LES BALEINES

FLAMMARION

ÉDITEUR ORIGINAL : Doubleday & Co., Inc.
ouvrage paru sous le titre :
The Whale, Mighty Monarch of the Sea
Copyright © 1972 by Jacques-Yves Cousteau

POUR L'ÉDITION FRANÇAISE :
© Flammarion, 1973
Printed in the Federal Republic of Germany
ISBN 2-08-200.419-8

TABLE DES MATIÈRES

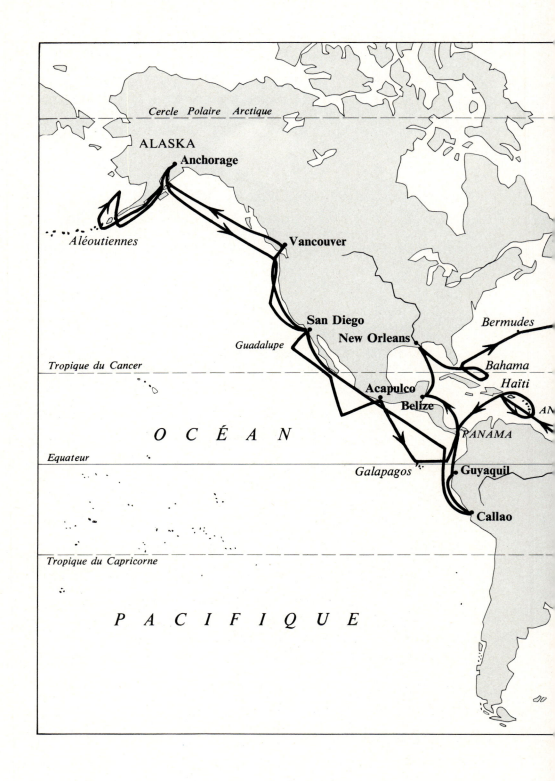

Cercle Polaire Arctique

ALASKA
Anchorage

Aléoutiennes

Vancouver

San Diego
New Orleans

Guadalupe

Tropique du Cancer

Acapulco
Belize

Bermudes

Bahama

Haïti

AN

PANAMA

O C É A N

Equateur

Galapagos

Guyaquil

Callao

Tropique du Capricorne

P A C I F I Q U E

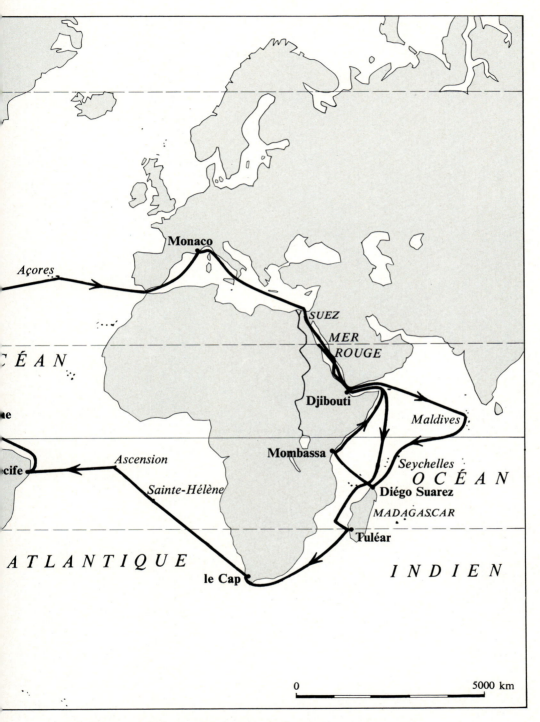

Açores

Monaco

SUEZ

MER
ROUGE

Djibouti

Maldives

Mombassa

Ascension

Seychelles

OCÉAN

Sainte-Hélène

Diégo Suarez

MADAGASCAR

cife

Tuléar

ATLANTIQUE

le Cap

INDIEN

0   5000 km

Itinéraire des croisières de la *Calypso* entre février 1967 et septembre 1970.

le rendez-vous des cachalots

UNE MERVEILLE DE LA NATURE
RENONCER A « MOBY DICK »
NOS RENCONTRES DANS L'OCÉAN INDIEN
LE PROBLÈME DU CONTACT
UNE CROISIÈRE DE TROIS ANS ET DEMI — LA PREMIÈRE ALERTE
CACHALOTS PASSIFS ET CACHALOTS FUYANTS
MANŒUVRES DIFFICILES — POURSUITE A 20 NŒUDS
BEBERT HARPONNE — « ON VOIT BRILLER LES DENTS »
UN RECORD

La mer est immense, mais dans cette immensité la part de l'imprévu n'est pas grande. Des routes sillonnent les eaux. Il y a des itinéraires pour toutes les espèces et pour toutes les saisons. Et cet enchevêtrement biologique est fort précis.

Dans l'océan Indien, à hauteur de l'équateur, au mois d'avril pendant deux ans de suite, la *Calypso* a rencontré des cachalots.

Aussi lors de notre grande expédition en mer Rouge et dans l'océan Indien, en 1967, j'étais bien persuadé que nous pouvions compter sur un véritable rendez-vous avec les cétacés qui hantent ces parages au printemps.

L'approche des mammifères marins, baleines franches, cachalots, orques, globicéphales, est toujours pour tout le monde, à bord de la *Calypso,* une aventure merveilleuse. Sans doute sommes-nous familiarisés avec tous les poissons, grands et petits. Nous donnons à manger aux mérous, aux murènes, aux poulpes, et même aux requins. Ces tentatives de compré-

Le commandant Cousteau à l'avant de la *Calypso.*

hension, d'apprivoisement, de sympathie, sont déjà exaltantes, mais avec les grands mammifères à sang chaud, physiologiquement si proches de nous, dotés comme nous de poumons, d'intelligence, de modes de communication, l'expérience est autrement passionnante.

Elle est aussi beaucoup plus difficile. Il suffit, pour attirer les poissons et se faire accepter par eux, de quelques offrandes de nourriture. Mais cet artifice... un peu simpliste est d'un effet nul sur une baleine de plus de 100 tonnes. Pour entrer en relation avec les énormes cétacés, il n'y a pas encore de recettes. Nous nous fions à notre propre expérience. Inutile de dire que, malgré trente années de vie sous-marine et de sympathie pour tout ce qui vit dans l'eau, nous tâtonnons beaucoup encore.

Le jeu n'en est que plus excitant. Et chacun à bord attend l'heure du rendez-vous, prêt à intervenir. Ce n'est pas la première fois que nous cherchons à rencontrer les cétacés et que nous tentons d'en tirer le meilleur parti possible. Tout le monde sur la *Calypso* connaît l'importance de l'enjeu.

Il est étonnant de penser qu'après des siècles de chasse à la baleine, la vie des géants des mers est très mal connue (1). L'homme, jusqu'à ces dernières années, n'avait pas franchi la frontière qui le sépare du monde marin, il n'avait pas connu les baleines, les cachalots, les orques, dans leur élément, à l'intérieur de la mer. Nous sommes les premiers à les approcher en plongée, à les étudier avec toute l'amitié, la curiosité qu'il faut.

Une merveille de la nature

Les rapports de l'homme et de l'animal sont toujours mystérieux. Le fossé qui les sépare semble infranchissable. Mais c'est surtout en ce qui concerne les grands mammifères marins que l'approche et la compréhension semblent particulièrement difficiles, quelle que soit notre attirance pour eux.

En face de cette montagne de chair, de ce monstre de plusieurs dizaines de tonnes qu'est un cétacé, la perplexité de l'homme a été considérable et son attitude a beaucoup varié.

Ce qu'il éprouva d'abord fut un sentiment de terreur, et comme toujours lorsque la peur s'en mêle, les légendes ont foisonné. Le « Lévia-

---

(1) Bien que certains baleiniers, comme William Scoresby, aient recueilli d'appréciables indications sur les cétacés.

than »* (2) et l'histoire de Jonas attestent cette crainte des hommes, surpris par l'énormité d'un animal qui dépasse toutes les possibilités, toutes les conceptions humaines.

A cette période d'infériorité, de dérobade par le mythe, à ces tentatives d'appropriation religieuse ou poétique, a succédé l'époque de la chasse, puis celle de la boucherie. C'est le stade de la baleine considérée comme enjeu économique, produit industriel, jusqu'à ce que l'invention d'armes nouvelles rende la lutte tellement inégale que plusieurs espèces ont été menacées de disparition. Le canon lance-harpon a non seulement tué mythe, légende, poésie et le cachalot blanc Moby Dick*, mais il a posé le problème de la survie des plus grands animaux qui existent sur notre planète.

Ce fut d'abord pour des raisons d'économie bien comprise qu'au XX⁰ siècle la chasse à la baleine fut limitée et réglementée, sur l'initiative des baleiniers eux-mêmes. Par la suite, des arguments d'ordre plus sentimental ont prévalu.

Il était cependant impossible de réduire les baleiniers au chômage et il fallait bien amortir le matériel. On tue toujours la baleine, mais c'est pour en faire — ô dérision — de la pâtée pour les chiens et les chats.

C'est surtout pour l'huile que les cétacés continuent à être chassés par l'U.R.S.S. et le Japon. En revanche, Grande-Bretagne, Norvège, U.S.A. et Hollande ont pratiquement cessé toute activité. La France n'a chassé les cétacés au Gabon et à Madagascar qu'épisodiquement, juste après la guerre, au temps de la pénurie des matières grasses.

Malgré la survivance meurtrière d'une chasse qui est désormais bien peu justifiée économiquement pour le monde occidental, les rapports de l'homme et de la baleine ont changé et cette évolution psychologique est désormais irréversible. La baleine n'est plus une proie, un gibier colossal, le plus beau trophée qu'un homme puisse mettre à son actif. Il n'y a pas plus de mérite à tuer ce géant d'un coup de canon qu'à foudroyer un éléphant d'une balle explosive.

En revanche, la baleine est considérée aujourd'hui comme la plus grande et la plus mystérieuse merveille de la nature. C'est le plus formidable aboutissement de la vie animale dans les mers.

Au temps de Melville, on insistait sur la « méchanceté » du cachalot. Nous nous étonnons aujourd'hui de sa mansuétude. Nous nous émerveillons de ses possibilités extraordinaires de plongée. Nous admirons qu'il soit doué de langage. Nous nous attendrissons sur son instinct maternel.

A la suite de nos expériences, nous avons appris beaucoup de choses.

---

(2) Tous les mots marqués de ce signe* sont expliqués dans le glossaire, à la fin du livre, où ils sont classés par ordre alphabétique.

A gauche :
A l'avant de la *Calypso*, toute l'équipe
guette les cétacés.

A droite :
Un zodiac et un chaland tentent d'en-
tourer un cachalot. A l'arrière-plan, la
Calypso.

Ci-dessous :
Falco et Bonnici en zodiac s'élancent à
la poursuite des cachalots.

Nous savons notamment que le contact n'est pas impossible, que nous ne sommes pas irrémédiablement coupés de nos grands frères qui ont pris le chemin de la mer. Pour cela, il a fallu tenter la chance, prendre des risques, et nous l'avons fait. Ce que nous retenons de plus clair à la suite de ces tentatives, c'est qu'il est bien rare qu'un cétacé, même dérangé, même encerclé ou poursuivi par nous, prenne une attitude agressive. Certes, cela dépend des espèces, des circonstances... mais jusqu'à présent, aucun d'entre nous n'a été blessé au cours de ces rencontres parfois hasardeuses. Nous avons eu au contraire de multiples preuves de l'aménité des cétacés, de leur volonté d'épargner et de respecter l'homme, surtout l'homme en plongée.

Il faut dire qu'il y a un grand mystère dans cet apparent respect pour nous. Les rapports entre les mammifères marins et l'espèce humaine sont bien loin d'être simples.

En 1967, ainsi que je l'ai raconté dans un livre précédent (1), je suis parti avec la *Calypso* pour une croisière de trois ans et demi. Après avoir parcouru la mer Rouge, nous nous sommes engagés dans l'océan Indien. Dès que nous eûmes passé le cap Gardafui, j'ai organisé systématiquement la veille aux cachalots. A l'avant de la *Calypso,* j'ai fait installer un portique où plusieurs personnes peuvent observer à la jumelle une large étendue

(1) J.-Y. Cousteau et Philippe Diolé, « la Vie et la mort des coraux », Flammarion, éditeur.

d'horizon. Ma femme Simone, qui a participé à toutes nos croisières, passe souvent là des heures dans le soleil ou dans le vent, à interroger la mer.

Pour mieux évoquer nos extraordinaires « tête-à-tête » avec les cétacés, le plus simple est de recopier ici quelques passages de mon journal personnel. Voici ce que j'écrivais, à l'entrée de l'océan Indien, alors que la veille nous avions exploré en plongée les abords de l'île montagneuse de Socotra.

La première alerte

Mardi 14 mars. A 5 heures 30, la cloche d'alerte sonne. Ce sont des cachalots*, reconnaissables à leur souffle* oblique. Notre première rencontre avec eux au cours de cette croisière. En deux minutes tout est prêt. Cette fois l'équipe est rodée. On essaie le chaland : trop lent. Heureusement, je me rends compte qu'il est possible d'approcher les animaux avec la *Calypso* elle-même.

Nous manœuvrons au milieu du groupe d'après les indications que nous donne l'équipe de veille installée sur le portique. C'est Simone qui s'en tire le mieux, avec l'aide de Frédéric Dumas et d'Albert Falco.

J'ai fait descendre notre cameraman, René Barsky, dans le faux-nez*. Il s'agit d'être assez près des cachalots pour que Barsky puisse les filmer en profondeur à travers les hublots de la chambre d'observation.

Sur une douzaine de tentatives d'approche, quatre ou cinq donnent des résultats, mais trois sont sensationnelles ! Une fois, deux cachalots défilent le long du bord en se raclant littéralement sur la coque. Une autre fois, nous filmons à loisir une mère et son petit à cinq mètres devant l'étrave, et enfin la troisième fois, à 2 nœuds à peine, nous frôlons le flanc d'un animal de grande taille. Barsky, enfermé dans sa chambre sous-marine, a eu peur. Il a vu passer ces grands corps si près des hublots qu'il s'est trouvé brusquement dans l'obscurité.

Les résultats cinématographiques sont bons mais l'eau, quoique beaucoup plus claire que les jours précédents, ne l'est pas encore suffisamment pour réaliser de très bonnes prises de vues, et je me résigne à reprendre la route. Il fait presque calme.

Mercredi 15 mars. De 8 heures à midi, nouvelle alerte ! Ce sont encore des cachalots, nous en rencontrons cinq ou six groupes. Certains vont solitaires ou par deux. L'ambiance est beaucoup moins bonne qu'hier, bien que le temps soit idéal et que l'eau soit — enfin — claire. Ils sont nerveux, farouches. Hier, ils se prélassaient ou faisaient route à 5

Portrait d'Herman Melville, l'auteur de « Moby Dick », par Francis Day.

ou 6 nœuds vers le sud-est, sans trop se préoccuper de nous. Aujourd'hui, on les approche, ils quittent la surface, s'enfoncent, sans sonder* vraiment à la verticale. Les plongeurs peuvent parfois les suivre à la trace. Leur sillage ressemble à une traînée d'huile, mais c'est tout simplement les remous de leur queue. C'est ce que les anciens baleiniers appelaient le « glip ». Les cachalots se déplacent maintenant à 5 ou 10 mètres sous l'eau, eux qui peuvent descendre à plusieurs centaines de mètres, s'ils le veulent. Mais quel souffle ! Ils restent une fois vingt minutes sans respirer.

Cependant, en zodiac, bien plus rapide et plus maniable que le chaland, notre ami Albert Falco, dit Bébert, arrive par deux fois à leur couper la route et à jeter à l'eau au passage Deloire avec sa caméra ciné et Sillner avec son appareil photo. Ils peuvent tout juste suivre du regard l'animal qui s'éloigne. Une autre fois par contre, l'opération est pleinement réussie. Ils ont le temps d'encadrer le cachalot dans le viseur. Ils rapportent des images — enfin. Il faudra recommencer sur des animaux moins craintifs.

Pourquoi, d'un jour à l'autre, et dans des régions aussi semblables, de telles différences collectives de comportement ? Hier, tous les cachalots étaient passifs ; aujourd'hui tous sont presque inapprochables. Pendant toute l'après-midi, on a beau écarquiller les yeux, rien.

Jeudi 16 mars. Journée assez vide ; encore un reste de mousson de nord-est ; mer force 4 qui n'est pas encore désagréable, mais qui empêche toute veille à la baleine, car un souffle se confondrait avec les crêtes des vagues.

Ce soir, j'ai rédigé et diffusé un mémoire sur le programme de tournage. Barsky, Deloire, Marcellin, Dumas, Bébert, Dédé l'ont reçu et sont invités à y réfléchir pour une discussion générale. En effet, maintenant, il est temps de mettre en ordre les séquences tournées, et de préparer les autres. J'ai grande confiance en Barsky qui est vraiment un artiste. La révélation, c'est Deloire ; il fonce, prépare soigneusement toutes ses plongées, et en même temps est disponible pour l'imprévu. Hier, il fallait le voir couché à l'avant du zodiac, la caméra entre ses bras et, sur l'ordre de Bébert, rouler dans l'eau sous le nez d'un cachalot. Il est ravi, il rayonne de bonheur.

Poursuite à 20 nœuds

18 mars. La mousson de nord-est n'a pas été trop forte et la veille aux cachalots a repris. Nous arriverons aux Maldives au plus tôt le 20 mars.

Encore obsédé par deux jours de poursuite de cachalots : il y en avait beaucoup moins qu'en 1954 et qu'en 1955, le 2 et le 25 avril, sur l'équateur, au nord des Seychelles. En fait, nous essayons de les rencontrer avant la date de notre rendez-vous. J'ai infléchi notre route au sud, afin de tenter notre chance et de gagner dix jours sur notre programme. Mais notre pari est encore loin d'être gagné.

Je pense à la fertilité de cette mer où il y a des cachalots un peu partout, et où les Japonais (1) peuvent jeter des palangres en pleine eau, au grand large, et remonter des thons et des espadons plus gros qu'eux. Voilà évidemment pourquoi l'eau est si souvent trouble. Il faut de bien

(1) La *Calypso* avait rencontré en plein océan Indien des pêcheurs japonais. Voir « la Vie et la mort des coraux ».

Ci-contre :
Falco et Bonnici se préparent à approcher un cachalot.

En bas à gauche :
La queue d'un cachalot vue en plongée.

En bas à droite :
Un plongeur qui s'est élancé du zodiac tente de s'accrocher à un jeune cachalot.

gras pâturages pour produire à l'extrémité d'une chaîne alimentaire des thons et des baleines.

Nous avons constaté que les cachalots lancés à toute vitesse atteignaient certainement 20 nœuds et la *Calypso* n'en fait que 11 ! J'ai fait coupler sur un chaland deux moteurs de 40 CV chacun et il va être possible, je l'espère, de soutenir le sprint des cétacés. Mais sur une mer un peu agitée, à ces vitesses-là, sur une embarcation qui n'est pas taillée pour la course, la situation est à peine tenable. Plongeurs, cameramen et pilotes sont terriblement secoués et risquent à tout moment de passer par-dessus bord. Corrida ou rodéo ?

Bien sûr, les animaux se laissent assez souvent approcher et j'en suis le premier surpris. Mais on ne sait pas trop comment s'y prendre pour les filmer. Ils sondent au moment où on les rejoint. A plusieurs reprises Deloire, avec sa caméra, et un autre plongeur sautent à l'eau dans des conditions acrobatiques, juste devant un cachalot. Mais les images sont très fugitives. A partir du moment où les animaux « sentent » la présence de l'embarcation et celle des plongeurs, ils disparaissent.

— D'un cachalot, on peut tout juste filmer la queue, dit André Laban avec amertume. Il est vrai qu'elle en vaut la peine.

De la *Calypso,* c'est d'ailleurs cette énorme caudale que nous voyons le mieux, lorsque le cachalot se casse en deux pour sonder et dresse au-dessus de la surface ce grand triangle de chair plate, qui s'incurve brusquement avec souplesse, comme pour un ironique salut, avant de disparaître dans les profondeurs. Parfois, j'enrage... ou je ne peux m'empêcher d'en rire.

6 avril. Ancré devant l'île de Funidu, l'une des Maldives. Dernier embarquement d'eau. Il y a encore le soir des gens de chez nous pour aller à terre, et ils trouvent dans ce bled des objets intéressants à acheter : des tambours, un superbe poignard dont le manche est fait d'une dent de cachalot... c'est bien la preuve que les cachalots hantent les parages et que les habitants du pays réussissent à en tuer.., mais comment ?

Premières tentatives

9 avril. Après le déjeuner, Bébert, Bonnici et Barsky, en zodiac, jouent longuement avec une troupe de dauphins*. C'est un extraordinaire rodéo sur une mer d'huile. Les dauphins, très malicieux, ne cessent de feinter le zodiac et semblent parfois l'attendre.

Nous aurons eu un magnifique spectacle, une chevauchée d'une centaine de dauphins sautant haut et semblant tirer un char : le zodiac de Bébert qui, à 18 nœuds, ne les rattrape pas.

Le congrès des cachalots approche. Il faut bien reconnaître que nous nous heurtons à de terribles difficultés. Toutes nos expériences ont démontré depuis près d'un mois qu'il est impossible pour les plongeurs et les cameramen lorsqu'ils se jettent à l'eau, de rester en vue du cachalot, même sans le poids du scaphandre autonome*. Il n'est pas possible non plus de les remorquer en zodiac à cause de la vitesse à laquelle la scène se déroule. Les scooters ne sont pas assez rapides. Il n'est pas question de se maintenir près du cachalot en nageant. Chaque fois que l'animal a dépassé un cameraman — Deloire ou Laban — le zodiac le repêche, rattrape le cachalot et lâche notre camarade devant lui. Deloire et Laban lui font face courageusement et... le cachalot passe dessous... ou dessus. C'est très impressionnant. Mais les séquences ainsi tournées sont désespérément brèves. Nous sommes-nous lancés dans un projet impossible ? Pourtant il doit y avoir une solution.

Un rôle difficile

J'établis un programme serré :

Le matériel sera toujours prêt : plongeurs équipés sur la plage avant, fusil lance-harpon à portée de main, panier de nylon, bouée, zodiac et chaland parés à descendre à l'eau, moteur en place, deux caméras sous-marines toujours chargées, un cameraman prêt à descendre et à s'installer dans le faux-nez.

Les baleiniers sont les seuls à avoir observé le temps de plongée des cétacés ou leurs pointes de vitesse. Mais c'était toujours pendant des poursuites implacables, qui troublaient leur comportement.

Il n'existe qu'un moyen sûr d'observer tout cela sans se tromper, c'est de marquer les animaux. Nous l'avons déjà fait en mer Rouge pour les requins. Nous avons fixé une étiquette à la base de leur nageoire dorsale. Nous allons tenter aujourd'hui de marquer au moins un cachalot si nous approchons d'assez près ces cylindres noirs et luisants qui soufflent et roulent autour de nous.

C'est à Albert Falco que je réserve ce rôle plutôt redoutable. Si un homme au monde peut réussir, c'est lui. Depuis l'âge de quinze ans il travaille avec nous. Il a vécu toutes nos expériences les plus audacieuses. Il y a vingt ans qu'il fait partie de notre équipe. Ce n'est pas seulement

Le zodiac rattrape un dauphin à la course.

un plongeur d'une extraordinaire efficacité et un athlète d'une force exceptionnelle, c'est un homme qui a le don de se faire accepter par les animaux marins. D'autres dans l'équipe ont su développer le même talent, Bernard Delemotte, Raymond Coll, Canoé Kientzy et mon fils Philippe ; mais Albert Falco fut le premier à tenter d'inspirer confiance aux animaux marins en eau libre et il a acquis une expérience considérable.

Les rapports de l'homme et de la baleine sont encore très incertains. Toute une époque est révolue, c'est celle de la chasse à la baleine considérée comme un « monstre féroce ». Mais il n'a pas encore été possible d'inventer de nouveaux rapports, d'imaginer un mode d'approche des cachalots qui, hier encore, étaient des « Léviathans » qu'on tuait et qui tuaient. On ne passe pas si facilement du meurtre à la sympathie.

« *Dauphinquinas* »

Ce matin, Simone, de veille en haut du portique, aperçoit un banc de dauphins. Nous changeons de cap : à 17 nœuds on ne les rattrape pas, je lance Bébert et Deloire avec Bonnici en zodiac. Nous les suivons à la jumelle. Très vite nous identifions les dauphins comme une espèce petite et rapide qui ne vient jamais devant l'étrave des navires, et qui est restée inapprochable depuis trente-sept ans que je sillonne les mers. Pas d'exception aujourd'hui.

— Ce sont des dauphinquinas, s'écrie Didi (1)...

Car nous appelons « requinquinas » les requins fuyants que l'on aperçoit en plongée, le long des côtes. Ce vocabulaire imagé est emprunté à un poème en faveur à bord :

« ...ce pauvre requin qui n'a
Pour se nourrir qu'un peu de quinquina. »

Les dauphinquinas et les requinquinas, dont nous n'avons rien à faire, deviennent l'antithèse de la « baleine muscade » qui se laisse approcher et harponner à loisir.

10 avril. Dès l'aube, je vais m'assurer que la télévision et la caméra automatiques sont prêtes à fonctionner dans le faux-nez ; à 7 heures 30, Barsky attend les poissons volants, caméra au poing, au ras de l'eau. Sur le portique, la veille est active. Au moment où Simone est relevée par René Haon, la cloche annonce : des souffles !

Aussitôt cap dessus, bousculade dans les coursives, mise à l'eau du zodiac avec moteur de 33 CV neuf, et du chaland n° 1 avec deux moteurs de 40 CV. Bébert et Bonnici partent en zodiac avec le fusil lance-harpon : c'est une arme destinée au simple marquage et qui ne peut pas blesser l'animal ; le fer est court et léger : il ne peut entrer que dans le lard. Didi, Maurice Léandri et René Haon partent sur le chaland surpuissant.

Le premier groupe de cachalots comporte quatre individus et deux groupes voisins en comptent trois. La *Calypso* les approche à cinquante mètres et ils sondent un peu trop tôt ; trente minutes plus tard, on les revoit mais plus dispersés. Le charme est déjà rompu. Ces cétacés ne sont pas « muscades ». Ce sont des « cachalotquinas ».

Après des cavalcades harassantes dans le clapot, Bébert rejoint un des animaux qui viennent de reparaître et tire. Touché, le cachalot marque le coup, en restant sur place, ahuri, avec ses deux compagnons, à un mètre

---

(1) Didi est le surnom de Frédéric Dumas, notre plus ancien compagnon de plongée et d'aventures.

sous le zodiac. Mais le harpon, entravé par une boucle de nylon, a frappé à plat et l'affaire est manquée. Tout le monde s'ébroue et se disperse dans toutes les directions.

Poursuites infructueuses jusqu'à midi et demi. Les cachalots disparaissent alors, et nous reprenons notre route.

Sieste générale, sauf pour ceux qui continuent à veiller sur le portique mais en vain.

Nous constatons que de l'aube à 10 ou 11 heures du matin, les cachalots sont somnolents ou indolents, faciles à repérer et à approcher. A partir de 11 heures ou midi, ils font de la route, s'esquivent, et... on les perd. Leur souffle semble presque disparaître. Est-ce parce qu'il se condense moins que dans l'air frais du matin ? En rapprochant ce phénomène de celui des remontées vers la surface de tout ce qui vit dans la mer, entre le coucher et le lever du soleil, on peut se demander si cachalots et baleines ne préfèrent pas chasser surtout de nuit, pour avoir à descendre à des profondeurs moindres. Cela expliquerait qu'ils (ou qu'elles) soient fatigués au petit jour. Et nous sommes condamnés pour le moment à ne voir les cétacés que de jour.

11 avril. J'inaugure la navigation en zigzag pour augmenter nos chances.

A bord l'ambiance est merveilleuse. Chacun se passionne pour cette nouvelle forme de chasse à la baleine. Je crois que de toutes les missions de la *Calypso,* celle-ci aura soulevé le plus de résonance humaine dans l'équipe. Sans doute les coraux offrent des paysages sous-marins admirables. Mais un cachalot ou un rorqual est un être vivant plus individualisé qu'un madrépore. Le malheur c'est qu'ils sont aussi plus difficiles à approcher.

L'équipe sent bien qu'elle a à mener dans des conditions risquées des expériences qui n'ont jamais été tentées. L'enjeu est à notre taille et il exige une veille incessante, des interventions constantes qui maintiennent le moral à bord au plus haut niveau. Même le taciturne Raymond Coll, le Catalan muet, s'anime et parle. Beaucoup d'espoirs reposent sur lui, car il a été le premier à s'accrocher à la dorsale d'un requin-baleine *(Rhyncodon typus).*

Pris au piège

16 avril. A l'aube, nous sommes au « rendez-vous des cachalots ». Et l'espoir se matérialise dès 7 heures. Dumas repère au-delà de l'horizon une

Deux souffles de baleines grises. Dans le zodiac piloté par Bernard Delmotte, Canoë va tenter de lancer le harpon.

grande gerbe d'eau, comme celles que nous avons vues ici même en 1955. Puis un quart d'heure après, j'aperçois distinctement, par deux fois, sur l'avant et à un demi-mille, un énorme cachalot qui sonde...

Pour ne manquer aucune chance de rencontre, je fais escorter la *Calypso* à bâbord et à 2 milles par le zodiac avec Bébert, Bonnici et Barsky, et à tribord et à 2 milles par le chaland avec Maurice, Omer et Deloire. Pratiquement, rien ne peut nous échapper sur une largeur de 8 milles.

Nous avons tant à apprendre. J'ai l'ambition, grâce à notre merveilleuse équipe de plongeurs, de réaliser ce que l'homme n'a jamais réussi à faire : côtoyer, affronter les cétacés en pleine eau comme nous approchons les requins, les murènes et les mérous. Cette confrontation nous a valu une familiarité avec les animaux marins comme il ne s'en était pas produit auparavant. Oui, mais nos plus grands requins n'ont jamais mesuré plus

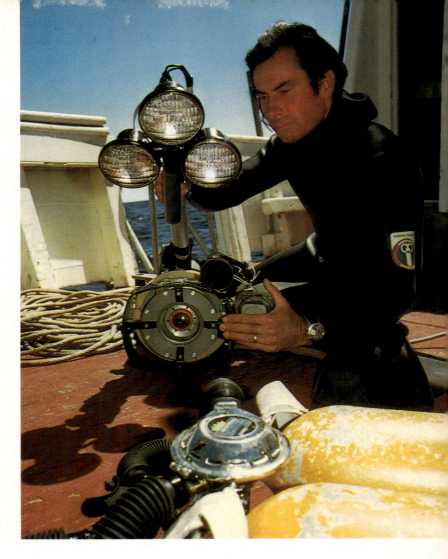

Le cinéaste Michel Deloire
prépare ses appareils avant de
plonger sur une baleine.

de 4,50 ou 5 mètres, ce qui est déjà beaucoup. La plus longue murène atteignait 2,10 mètres et nous avons connu un mérou de plus de 1,75 mètre. Tout cela n'était que du fretin comparé à un cachalot de 18 mètres. Comment entre-t-on en relation avec un poids lourd de 60 tonnes ou plus ? C'est tout l'enjeu de notre croisière.

La cloche sonne. Depuis ce matin, la *Calypso* avance, escortée par les deux embarcations. C'est Didi, du haut du portique, qui a aperçu un souffle.

L'animal dort manifestement. Il souffle deux fois sans montrer son dos, et disparaît pour huit minutes. Le zodiac se précipite... mais a des ennuis de moteur. Après une demi-heure de localisation, d'observation à distance et de poursuite lente, le zodiac attaque. Le cétacé s'est progressivement réveillé, file vers l'est, suivi du zodiac lancé à pleine vitesse. Son

18 avril. Réveillé à 5 heures pour voir se lever le jour. Mais je rentre vite : tout le monde est dehors, assoiffé de voir la terre, des îles, des arbres. J'aurais participé à cette gaieté si nous avions réussi.

Naturellement, le vent a cessé et le calme plat me nargue. Nous sommes déjà engagés sur le plateau, entre les îles Bird et Denis, vraiment englués pour trois jours, peut-être les derniers jours de calme de la saison ! C'est vexant !

A cette minute je cesse de vivre, je me mets en veilleuse jusqu'au départ de ce sale et beau pays.

Cela fait aujourd'hui deux mois que la *Calypso* a quitté Monaco.

Le harpon se détache

20 avril. Nous avons appareillé de Mahé à 7 heures 30. Le pilote pointant du doigt vers une faible risée m'annonce : « Voilà les alizés. Ils sont là pour six mois. » C'est bien le désastre que je craignais et la fin des baleines. Nous mettons le cap sur les îles africaines pour voir l'extrémité nord des Amirantes.

A peine avons-nous perdu les côtes de vue que la cloche retentit à bord et tout le monde crie : « Elle souffle ! Elle souffle ! »

D'un seul coup c'est une bouffée de joie qui entre en moi.

A vrai dire, des souffles, il y en a plusieurs et même beaucoup au fur et à mesure que nous nous rapprochons.

Ils se multiplient dans la mer. Ce sont des colonnes vaporeuses qui s'élèvent sur le bleu du ciel. Elles sont obliques, à 45° environ. Cette inclinaison est la preuve qu'il s'agit de cachalots.

J'ai fait ralentir la vitesse de la *Calypso* pour éviter tout accident, toute collision qui pourrait blesser l'un de nos amis.

Nous nous approchons peu à peu des animaux dont nous commençons à voir les énormes dos tournant dans les lames de l'océan Indien.

Les cachalots ne se pressent pas. Le bruit de nos moteurs qu'ils perçoivent sans doute avec une grande intensité, étant donné la perfection de leur système d'écoute, ne les effraie pas, ne les chasse pas. Pourtant ils ont toutes les raisons de se méfier des hommes et de leurs navires.

A bord les préparatifs commencent. Nous allons une fois de plus essayer de nous mêler aux cétacés et chercher à établir le contact.

Je réfléchis à tout ce que nous pouvons tenter. Tout le monde est en alerte. Aussi bien les cinéastes et les plongeurs que l'ingénieur du son, pour enregistrer dans l'air et dans la mer les cris des cétacés.

Maintenant les cachalots sont tout près. La *Calypso* fait route au milieu d'eux. Nous allons mettre plusieurs zodiacs à l'eau, en faisant tout pour ne pas les effrayer.

Les cinéastes prendront place dans un zodiac et ils tenteront de filmer les cachalots dans l'eau. A cet instant je me demande si ce projet n'est pas insensé : de la passerelle de la *Calypso,* je devine l'écrasante puissance de ces dos renflés. Je mesure leur taille. Parfois une gigantesque queue plate frappe l'eau et fait jaillir des éclaboussures. J'aperçois des silhouettes dans la profondeur, comme des rochers.

Falco choisit son harpon habituel, celui qui ne perce que la peau fine du cachalot et s'accroche dans le lard. Au fer est fixée une bouée.

Avec son arme, son baquet où est lové le nylon, Falco prend place à bord d'un zodiac qui part aussitôt. Bébert est attaché à l'avant par un harnais spécial afin de pouvoir se tenir debout, même à pleine vitesse, pour lancer le harpon. Mais le bruit du moteur effraie le cachalot qui démarre. Le zodiac lutte de vitesse. Voici Falco très près de l'animal. Il a saisi son fusil-harpon. Il tire.

A bord de la *Calypso* tout le monde suit anxieusement la scène.

L'autre zodiac, habilement, a dépassé l'animal et le ralentit. Raymond Coll s'est jeté à l'eau et il cherche à s'accrocher à une nageoire.

Nous nous rendons compte que Falco a réussi. Le harpon* est fixé et le cachalot traîne une bouée rouge, comme une casserole attachée à la queue d'un chien.

L'animal, d'abord surpris par toute cette agitation et ne réussissant pas à distancer ses poursuivants en surface, se décide brusquement à plonger.

Il sonde en montrant sa queue triangulaire. Elle monte haut au-dessus de la surface. Il va descendre très bas. Il prend de l'élan, en se mettant à la verticale, tête la première. L'instant est décisif...

Nous avons ferré une ligne de 900 mètres. Nous comptons les minutes. La ligne et la bouée disparaissent dans l'eau à une effrayante allure. La mer les avale... Et finalement la corde casse.

Tout est à recommencer.

Réussites

Le problème est de planter un morceau de fer dans le corps de ces animaux. La chair est élastique et avec la puissance d'un fusil à tendeur de caoutchouc ou même d'un fusil à poudre, on n'arrive pas à faire pénétrer vraiment un harpon. Pas suffisamment pour que le barbillon s'ouvre. C'est la raison pour laquelle ce harpon a été arraché. Je suis sûr que nous le plaçons aussi bien que les baleiniers d'autrefois et au moins d'aussi près ! Mais tout réside dans la taille du harpon : le nôtre est dérisoire. Or je ne veux pas en changer et risquer de blesser un animal.

Toutes ces séances de harponnage nous apprennent notre métier de séducteur de cachalots. Il faut non seulement ralentir suffisamment l'animal pour le filmer de face, mais encore il faut deviner la route qu'il va suivre. Or, une fois harponné, le cachalot montre un comportement imprévisible. S'il sonde, il arrache tout.

Un cachalot disparaît pendant une durée de cinq à quinze minutes. Pendant ce temps il fait pas mal de route sous l'eau. On a beau le rejoindre à toute vitesse, quand nous arrivons près de lui, il a eu le temps de reprendre son souffle et il replonge.

Toute l'équipe a maintenant mis au point une technique qui marche. Mais à plusieurs reprises nous nous laissons surprendre par des animaux malins, aux réactions vives.

Certes, on a l'impression qu'un cachalot vu dans l'eau ne se déplace pas tellement vite. C'est une illusion. Elle vient du fait que les mouvements de l'animal, notamment le battement de la caudale, sont souples et puissants, harmonieux et efficaces, si on les suit de l'œil en plongée.

Tout ce qu'on peut faire lorsque la situation se présente bien, c'est d'échelonner des hommes en avant de l'animal. Ils l'attendent caméra en main pour le filmer de face ou de profil lorsqu'il défile.

Puis on recommence à passer devant lui en zodiac et à lâcher un plongeur. C'est difficile, mais c'est passionnant même pour le pilote du zodiac qui doit réussir la belle manœuvre que réclament les cameramen.

Si courageux, si méritoires que soient ces exploits, ils relèvent plus de la corrida que du tournage d'un film. Je dois reconnaître que les cétacés nous donnent beaucoup plus de mal que les requins [1]. Avec les requins aussi l'approche est risquée, mais au moins le risque est payant. Ici les pires audaces sont décevantes. Il ne s'agit pas d'acquérir du mérite — hélas ! — mais de faire un film qui soit significatif.

Qu'éprouvent plongeurs et cinéastes lorsque dans l'eau ils voient s'avancer vers eux cette gueule énorme ? Qu'éprouve-t-on en face de ce monstre ? C'est de cela que nos camarades discutent le soir au carré lorsqu'ils ne sont pas trop accablés par la fatigue.

[1] Voir Jacques-Yves et Philippe Cousteau « les Requins », Flammarion, éditeur.

— Quand on se met à l'eau pour la première fois au voisinage d'un cachalot, on n'est pas rassuré, dit Michel Deloire. On peut toujours craindre une réaction de défense lorsque l'animal arrive devant la caméra. On voit cette énorme tête et surtout on voit les dents. Il est impressionnant de faire face à cette mâchoire très carrée. Ensuite on s'habitue très bien.

Et André Laban :

— Quand on voit briller cette belle rangée de dents dans l'eau, ce n'est pas engageant. Et en plus on entend un bruit... On dirait qu'un cachalot grince continuellement des dents. Ce n'est peut-être qu'une émission d'écho-location*, mais dans l'eau ce crissement incessant est impressionnant.

Tels furent dans l'océan Indien nos premiers rapports — souvent difficiles — avec les cachalots. Nous devions bientôt rencontrer des animaux plus grands encore. Nous ne nous sommes pas bornés à approcher les cétacés au plus près chaque fois que la *Calypso* croisait leur route. Un peu partout sur les mers, nous les avons systématiquement observés. Nous avons suivi leurs migrations, nous avons assisté à leurs scènes d'amour. Nous avons vu les baleineaux à la mamelle. Nous avons enregistré les cris, le langage, les vocalises de ces grands animaux si étrangement bavards. Cette pacifique poursuite des baleines nous a conduits aussi bien aux Bahamas qu'en Alaska ou en Basse-Californie. Je voudrais maintenant dresser le bilan de plusieurs années de travail et de croisière à travers le monde.

géants fragiles

NOUS SOMMES ENTOURÉS DE CACHALOTS — HAUTE VOLTIGE
LE MARQUAGE — LA TECHNIQUE DE FALCO
UNE INVENTION : *LE VIRAZÉOU* — L'ACCIDENT
UNE PUISSANCE FRAGILE — LES REPTILES DE L'ÈRE SECONDAIRE
LA MER PAYS DES GÉANTS — DEUX ENNEMIS : L'ORQUE ET L'HOMME
A LA POURSUITE D'UN RORQUAL
LE ZODIAC EST ENTRAINÉ AU FOND
TÊTE-A-TÊTE AVEC UNE BALEINE GRISE — BALEINES ET REQUINS

Lorsque dans l'océan Indien nous avons réussi à nous maintenir pendant près de deux jours au centre d'un troupeau de cachalots, nous avons pu mesurer l'échelle à laquelle vivaient ces géants. Il faut l'espace marin, sa profondeur, pour que ces grands corps évoluent. Entre eux et nous il y a un décalage qui nous les rendent incompréhensibles, vraiment étrangers plutôt qu'étranges.

Ce groupe qui nageait, qui soufflait contre la coque de la *Calypso*, n'était pas un troupeau d'êtres inconscients, de brutes. Des liens les unissaient. Certains représentaient même sûrement des individualités marquées : plus audacieuses, plus inquiètes ou plus intelligentes que d'autres. Intuition ? Pressentiments ? Sans doute. Et comment le vérifier en expérimentant sur une douzaine d'êtres composés de 30 à 60 tonnes de muscles, d'os et de lard ?

De l'autre côté de la coque de la *Calypso*, séparé de nous seulement par quelques planches, se déroulait un ballet ou plutôt une activité mesurée,

Après une longue navigation, la *Calypso* arrive en vue des îles Maldives, verdoyantes et basses sur l'eau.

Falco a inventé la technique du virazéou qui consiste à encercler le cachalot avec un zodiac.

A droite :
Le cachalot charge le zodiac et va le retourner.

L'animal affolé par le bruit tente de passer sous le zodiac.

tissement redoutable qu'on refuse de prendre au sérieux pour peu que pendant trente-six heures on ait bénéficié de l'impunité et taquiné ces géants apparemment débonnaires.

Nous avons du moins une satisfaction : la technique du « marquage » donne vraiment des résultats. Falco s'y montre de plus en plus audacieux et habile. Et les pilotes de zodiac font des prouesses avec leurs engins jusqu'à passer sur le dos des baleines en semi-immersion et à relever brusquement l'hélice pour ne pas blesser le cétacé — un exploit.

Heureusement l'eau est merveilleusement claire et il fait beau. Les alizés ne sont pas encore sur nous. Le plongeur qui saute à l'eau voit le cachalot arriver sur lui. Le plus souvent c'est l'animal qui évite l'homme. Le voit-il, ou est-il alerté par son système d'écho-location ? L'un et l'autre sens l'avertissent certainement.

Les cameramen sautent maintenant avec les bouteilles d'air comprimé sur le dos.

Le poids de l'équipement ralentit un peu la vivacité de leur intervention,

la mer. D'elle seule ils peuvent espérer la vie. Un cétacé à l'air libre, échoué sur une plage, est presque sûrement condamné à mort. Ni ses muscles ni ses membres ne lui permettent de regagner l'eau secourable. Déjà il étouffe et c'est sa masse même qui le tue. Pour gonfler sa cage thoracique, pour remuer le poids de sa graisse qui pèse sur tout son corps, pour aspirer l'air, ses forces, cependant énormes, ne suffisent pas. Il meurt asphyxié.

Les cétacés sont apparus à l'ère tertiaire, au Miocène, il y a vingt-cinq millions d'années. Mais leur lignée remonte plus haut.

Désormais, les paléontologistes ne songent plus guère à le contester : les mammifères marins paraissent avoir une origine terrestre. Avant d'être

Un des requins-marteaux qui sont venus se mêler aux dauphins.

Le kytoon gonflé à l'hydrogène est orné de jolies papillotes en aluminium pour donner de bons échos radar.

les seigneurs de la mer, ils ont pu mener sur le sol une vie plus modeste. Le seul doute vient du fait qu'on n'a pas encore trouvé leur ancêtre fossile qui marchait à quatre pattes sur la terre.

En revanche, on a découvert les squelettes entiers de bon nombre de cétacés fossiles — encore très proches des mammifères terrestres : ils étaient beaucoup plus petits que les rorquals et les cachalots d'aujourd'hui. Ils ne mesuraient que 6 mètres de long.

Dans le squelette du cétacé actuel, il subsiste des traces d'un ancêtre

Jour et nuit le radar de la *Calypso* pourra repérer le kytoon.

« La tête du rorqual vue dans l'eau aura été pour nous tous une heureuse surprise. »

gros cétacés : aux baleines bleues et aux rorquals, par exemple. Les Basques, ces premiers chasseurs, s'en sont pris à une modeste baleine noire *Eubalaena glacialis,* beaucoup moins grande et redoutable, vulnérable surtout à cause de sa faible vitesse (3 nœuds). Mais elle a disparu des rivages de leur pays pour avoir été trop massacrée.

Jusqu'au XIXe siècle, les baleiniers étaient obligés de choisir leur proie pour ne pas avoir affaire à des animaux qui dépassaient les moyens dont ils disposaient : embarcations à rames, treuils, filins, harpons à main. Ce fut pendant une époque le plus clair avantage du gigantisme. Mais l'invention du canon lance-harpon a permis à l'homme, à partir de 1864, d'attaquer toutes les baleines, si grandes soient-elles, où qu'elles soient. Le faible avantage qu'offrait le gigantisme s'est évanoui.

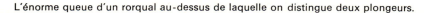

L'énorme queue d'un rorqual au-dessus de laquelle on distingue deux plongeurs.

Vis-à-vis des autres animaux les grands cétacés ne sont pas non plus invincibles. Leur pire ennemi est l'un de leurs semblables, leur frère, l'orque. C'est un cétacé à dents, un odontocète, plus petit que la baleine et le cachalot, mais d'une puissance remarquable et d'une intelligence diabolique. Nous en reparlerons à la fin de ce livre en lui consacrant tout un chapitre.

La solution idéale : un ballon

13 avril. A 7 heures du matin, nous nous mettons en route vers Shab Arab, mais en décrivant une large courbe vers le fond du golfe. Nous ne tiendrons pas longtemps cette route : bientôt, trois cétacés blancs, peut-être des bélugas*, défilent à une vingtaine de mètres du bord. Nous manœuvrons mais sans les retrouver. Enfin des cachalots ! C'est fou ce qu'il y en a dans le golfe d'Aden, en cette saison et cette année-là.

La poursuite de ces cachalots commence plutôt mal. Nous nous approchons avec la *Calypso* et Falco harponne d'assez loin. Le harpon glisse sur le flanc et ramène un morceau de peau. Christian Bonnici se précipite en zodiac sur un groupe de trois. Il parvient à isoler pendant quelques minutes un jeune cachalot, qui est finalement libéré par ses parents. Les poursuites vaines se répètent, puis vers 14 heures, nouvelle alerte : un très jeune bébé cachalot nage près de sa mère. Quand la *Calypso* s'avance, nous voyons le bébé quitter sa mère pour se diriger droit vers la coque du bateau. Je fais vite stopper les hélices... heureusement ! Le jeune voyou défile le long du bord, tout content. Sa mère, pas très loin, le rejoint. Le zodiac part pour marquer la mère avec un harpon léger, mais elle s'en débarrasse vite. Mère et enfant réussissent à se mêler au troupeau et nous perdons le contact. Route au sud. Stoppé pour la nuit.

Je tiens une conférence dans ma cabine avec Bébert, Laban, Dumas, Marcellin. Nous décidons de renoncer à filmer le récif de Shab Arab et d'accorder la priorité absolue aux cachalots. Nous leur consacrerons au maximum trois jours supplémentaires.

Lorsque les quatre amis me quittent, je ne vais pas au carré, je reste seul chez moi et continue à penser à tous nos problèmes. Et tout à coup j'imagine un dispositif qui est peut-être la solution idéale. Il s'agit en bref d'attacher non plus seulement une bouée, mais un aérostat, un ballon à une baleine. Quelque chose qui flotte en l'air, facilement repérable. Une plaque

Double page suivante :
Un plongeur qui vient de sauter du zodiac va se poser sur la tête du rorqual.

d'aluminium accrochée au ballon permettra même la nuit de le suivre au radar. Nous courrons beaucoup moins de risques de perdre notre prise.

Je rassemble les plus adroits bricoleurs du bord et nous travaillons tard dans la nuit à fabriquer l'engin : moitié zeppelin, moitié cerf-volant. C'est le « kytoon », nom formé de l'anglais « kyte » qui signifie cerf-volant et de la fin du mot « balloon ».

14 avril. Simone est infatigable. Elle se met en quatre pour maintenir propre et accueillant notre carré, soignant son chien, veillant la baleine et s'occupant des provisions de bord.

Je suis impatient d'essayer le kytoon.

Beauté du rorqual

Plusieurs jours devaient s'écouler avant que nous ayons l'occasion de le faire. Ce ne fut pas sur un cachalot que nous avons éprouvé les qualités de notre nouveau dispositif, mais sur une baleine : un rorqual (1), le plus grand des cétacés après la baleine bleue.

Voici les notes que j'ai prises ce jour-là :

De nombreux requins-marteaux nagent au milieu des dauphins.

Au matin la *Calypso* double le cap Gardafui. Après avoir cafouillé avec deux zodiacs et trois bancs de dauphins, Bébert aperçoit un souffle puissant. « Laissons les dauphins, s'écrie-t-il, et partons dessus. » Il fait beau, la poursuite est rapide, les zodiacs font bien 15 nœuds. Pendant deux heures, la baleine tient un train d'enfer ; c'est sans doute un rorqual de 10 à 15 mètres de long. Il faut faire vite, car le rorqual ne reste que peu de temps en surface. Il va plonger et disparaître sans doute pour dix ou vingt minutes. Finalement, essoufflé, il ralentit. Ses souffles se rapprochent.

Certes, le souffle du cachalot est unique et oblique et celui du rorqual est bien différent. Les chasseurs baleiniers ne s'y trompent pas ; mais c'est encore pour nous une différence bien difficile à saisir d'emblée. Ce qui est bien plus symptomatique, c'est la forme de la nageoire dorsale qui est pointue chez le rorqual alors que chez le cachalot il n'existe qu'une « crête » basse irrégulière au tiers postérieur du corps. Chez le rorqual, elle a aussi une forme caractéristique en crochet.

---

(1) Pour ne pas alourdir le récit, nous avons rejeté à la fin du volume les indications sur les différentes espèces de cétacés. Le lecteur aura intérêt à consulter dès maintenant l'Appendice I, « Les cétacés », où il trouvera la distinction essentielle entre baleines et cachalots, entre mysticètes et odontocètes.

La façon de plonger est elle aussi différente : le cachalot sonde à la verticale en sortant nettement sa queue de l'eau, alors que la baleine sonde plus obliquement. Elle se casse moins en deux. En outre, celui que nous rencontrons ne semble pas faire partie d'un troupeau. Apparemment les rorquals se déplacent seuls ou par groupe de deux ou trois.

Le zodiac est enfin en bonne position contre le flanc gris bleuté de l'animal. Bébert tire avec le fusil-harpon. L'animal s'élance. C'est effrayant : la ligne défile à 15 nœuds.

Les 500 mètres de polypropylène ont été dévidés sans incident, suivent 300 mètres de nylon bleu : au moment où Bébert amarre le zodiac, la ligne mollit, le rorqual s'est décroché. Le zodiac cinéma et la *Calypso* assurent la continuité de la poursuite ; Falco hale toute la ligne, réarme le harpon et tire. Le fer n'entre pas. Bébert le ramène : les barbes sont retournées en parapluie. Falco essaie le fusil arbalète à caoutchouc : le fil d'acier casse. Finalement, il saisit le gros et vieux harpon à main. La baleine ne marche plus qu'à 8 nœuds. On la distingue à travers la surface, depuis le zodiac, car elle reste à faible immersion. Au moment où elle va respirer, il est facile de s'en approcher. Par deux fois, Bonnici, à la barre du zodiac, lui coupe la route. Son immense tête triangulaire frappe l'eau à quelques centimètres du zodiac ; finalement Falco la pique du côté gauche. La pointe pénètre, mais le fer de la lance se plie comme une paille au moment où la baleine entre dans l'eau. Cette fois, cependant, tout tient bon. Falco laisse filer 500 mètres et accroche une grosse bouée gonflée rouge (50 litres). La poursuite commence. Laban et Deloire font du cinéma sur son passage. Barsky filme en surface. La chasse proprement dite a duré quatre heures. A bord de la *Calypso* on commence à noter tout ce que fait l'animal.

La baleine est visiblement agacée par tous ces zodiacs qui tournent autour d'elle comme des moustiques. Et, eu égard à sa taille, c'est bien une piqûre de moustique que lui a faite le harpon de Falco. Constamment, elle change de route. Les deux zodiacs encadrent l'animal, les cinéastes à droite, les plongeurs en « motoristes » à gauche. Ils se jettent à l'eau sur l'avant du cétacé et le voient ainsi défiler près d'eux. La baleine respire à peu près toutes les quinze secondes ; malgré la chaleur et l'air sec, les aérosols de son souffle se voient de loin et « tiennent » dans l'atmosphère.

Le zodiac cinéma rentre. Falco est déjà à bord et prépare le kytoon. Gonflé à l'hydrogène, orné d'une queue de papillotes d'aluminium, il servira de mire-radar et sera vite accroché au-dessus de la bouée.

Un navire intrigué par le ballon fait route sur la baleine. La *Calypso* exécute des manœuvres de diversion pour le dérouter.

Marcellin et Dumas vont faire des prises de son en suivant la baleine

Un plongeur a réussi à s'accrocher à la queue d'un rorqual.

s'étaient montrées plutôt débonnaires, mais cette fois, dans le Pacifique, il s'agissait de baleines grises.

Au début de 1968, mon fils Philippe avait entendu parler à Los Angeles de ces baleines grises, *Eschrichtius glaucus*. Cette espèce, menacée d'extinction pendant le XIXe siècle et le début du XXe, a été protégée par des accords internationaux. Les mesures prises ont été si efficaces que l'espèce est de nouveau florissante et que l'on a même pu autoriser ces

dernières années la chasse de six cents baleines. Le nombre total des baleines grises dans le monde a été évalué à vingt mille têtes.

Elles passent l'été dans l'Arctique, se gavent de plancton sur les côtes de Sibérie, la mer de Béring, la Corée et les côtes de Californie, puis elles gagnent l'hiver les zones chaudes de la Basse-Californie, sur les côtes du Mexique.

A cause de la faible distance à laquelle elles longent les côtes de

Californie, la migration des baleines grises a pu être étudiée mieux que celle des autres baleines.

Il y a toujours foule pour les voir passer. C'est la « Moby Dick Parade ». Une moyenne de quarante à cinquante baleines, quelquefois soixante-quinze, défilent dans la journée, c'est l'un des meilleurs spectacles gratuits de la côte ouest des Etats-Unis. Le retour attire moins de monde, car les baleines, dans leur voyage vers le nord, passent plus au large. A San Diego, les amis des baleines se sont constitués en association pour les défendre ou les ramener en pleine mer quand elles s'égarent à l'intérieur d'un port. Des « whale watchers » installés dans un observatoire suivent attentivement la migration et interviennent en cas d'incident.

Leur déplacement vers le sud a une raison bien particulière : les unes vont mettre bas, les autres vont s'accoupler dans les lagunes mexicaines où l'eau est peu profonde et tiède en hiver. Au XIXᵉ siècle, les baleiniers et notamment un certain capitaine Charles Melville Scammon, qui avait découvert ce secret, en ont fait de véritables massacres, mais depuis que les animaux sont protégés, mâles et femelies sont revenus en nombre dans ces abris très fermés, coupés de bancs de sable où il devrait être relativement facile, pour nous, de les approcher.

Le « rendez-vous », cette fois, semblait pouvoir être fixé à l'avance : les baleines grises sont d'une exactitude d'horloge. Au jour dit, elles arrivent au même endroit chaque année. Elles passent le détroit de Béring toujours à la même date.

Philippe en reconnaissance

En février 1967, Philippe est venu à San Diego faire une première reconnaissance en vue de filmer les baleines grises. A ce moment-là, la *Calypso* se trouvait dans l'océan Indien, donc indisponible. Philippe a loué un avion Cessna, il a contacté Wally Green et aussi un spécialiste des baleines grises, le professeur Ted Walker. Il les a emmenés tous deux à bord du Cessna tout au long des côtes américaines jusqu'au Mexique.

Ils ont recueilli beaucoup d'observations intéressantes en vue d'un film, mais de toutes façons il était trop tard pour monter une expédition. Cette reconnaissance aérienne a permis de déterminer quel était le lagon le plus propice à des recherches et à un tournage.

Après m'avoir rejoint dans l'océan Indien, Philippe m'a vite convaincu de l'intérêt qu'offraient les baleines grises pour lesquelles il s'était déjà enthousiasmé, et il m'a incité à revenir en Californie l'année suivante pour tourner ce film.

Notre projet était de suivre les animaux à partir de leur passage devant San Diego, alors qu'ils descendent vers le sud en janvier. Mais le travail prévu pour la *Calypso* ne lui permettait pas d'être dans le Pacifique à cette date.

Nous avons alors loué à San Diego le *Polaris III,* petit bâtiment qui m'a paru assez bien adapté à cette mission et j'ai décidé de confier la direction de l'expédition à Philippe.

Des animaux diaboliques

Le *Polaris III* a quitté San Diego le 16 janvier 1968, emmenant à son bord Ted Walker, savant à barbe grise, passionné des baleines et qui devait nous rendre des services considérables.

Les baleines grises voyagent par petits groupes, suivant en général la ligne des fonds de moins de 200 mètres. Le *Polaris III,* intervenant à la bonne saison, en a tout de suite repéré bon nombre, bien visibles et bien reconnaissables à leur souffle.

Dès qu'elles se sentaient suivies, elles sondaient toutes en même temps. Mais tandis que l'ensemble du groupe faisait sous l'eau un virage à 90°, une seule faisait surface devant le bateau et continuait dans la direction primitive assez loin, pour entraîner les chasseurs à sa suite, sur une fausse piste.

Cette manœuvre qui, je crois, n'a même pas été décrite par les anciens baleiniers, suppose une extraordinaire entente à l'intérieur du groupe. Comment s'établit-elle ? Comment un seul individu prend-il conscience de sa responsabilité et assume-t-il tous les risques pour permettre aux autres de se dégager ? Tout cela est mystérieux.

Plus surprenante encore est l'application immédiate de cette tactique, comme si elle avait été mise au point depuis très longtemps.

Les baleines connaissaient plus d'un tour. Il arrivait par exemple que la baleine qui s'offrait à la poursuite avec une espèce d'ostentation, au lieu de faire surface devant le *Polaris,* émergeait tout à coup derrière pour nous dérouter davantage encore. Elle apparaissait à bâbord ou à tribord. Tout cela variait beaucoup. La scène n'obéissait pas à un schéma fixé une fois pour toutes. La conduite des animaux semblait être inventée au fur et à mesure des nécessités de la situation.

Ce comportement si varié suppose que les baleines sont, dans une certaine mesure, capables de comprendre et de se communiquer certaines abstractions comme la gauche et la droite, la profondeur, et de commander la manœuvre qui consiste à tourner sur elles-mêmes pour prendre une autre direction.

On ne pensait pas que l'intelligence des baleines allait jusque-là.

Elles dorment, mais peu...

Devant ce nouveau partenaire, si rusé, l'équipe du *Polaris* a dû reprendre — presque à zéro — les expériences faites avec tant de mal dans l'océan Indien sur les cachalots, en 1967.

Au début de cette croisière, il faut reconnaître que personne n'a réussi à filmer une baleine en route vers le sud. Chaque fois qu'un plongeur sautait à l'eau, la baleine passait à dix mètres, à vingt mètres. Quand un

Une baleine grise arrive en surface et « souffle ».

plongeur se lançait du zodiac dans la mer, il lui fallait cinq secondes pour y voir clair et se repérer. Pendant ce court moment, la baleine sondait ou faisait un crochet. Le plongeur se retrouvait alors dans une mer vide, en plein « dans le bleu ». Cette descente le long de la côte de Californie a duré longtemps. Il a fallu un mois d'efforts à l'équipe du *Polaris* pour réussir à marquer solidement une baleine afin de la ralentir et de la suivre tout au long de sa migration vers le sud.

C'est la baleine grise ainsi marquée qui a permis de faire les observations capitales qui constituaient le thème de nos recherches. Elle a été suivie suffisamment longtemps pour permettre de répondre à plusieurs questions. A savoir :

— qu'elles dorment par tranches de demi-heures, six ou sept fois par jour,

— qu'elles continuent de voyager la nuit sans interruption,

— qu'elles mangent pendant leur migration, ce qui était contesté.

En effet, on ne peut guère s'y tromper. Quand elles commencent à tourner en rond dans les fonds favorables et qu'il y a du plancton en surface,

La queue d'une baleine grise dans la baie de Matancitas.

on ne peut douter qu'elles se nourrissent. Il semble que la côte soit riche en nourriture à leur goût.

Pour donner une idée des difficultés qu'a soulevées cette première expédition consacrée aux baleines grises, je reproduis ici quelques scènes vécues par l'un des plongeurs de l'équipe, Bernard Mestre.

Un naufrage évité

« *23 janvier*. Au large du cap San Diego, nous rencontrons d'immenses superficies de kelps, ces algues géantes du Pacifique qui ne mesurent jamais moins de 20 mètres de long. L'expérience a montré à plusieurs reprises que les baleines grises aimaient s'ébattre au milieu des kelps. En effet, nous en apercevons bientôt deux.

« Nous ne voulons pas les manquer.

« Nous avons de la chance : il fait calme plat. Le spectacle est extraordinaire. A faible distance, de nombreux souffles s'élèvent. Le *Polaris* a ralenti et avance très lentement. Sans bruit les zodiacs sont mis à l'eau. Pas de pétarade de moteur. On amène les plongeurs à l'aviron au milieu des algues. Les baleines se roulent dans toute cette verdure et elles ne s'enfuient pas. Ce doit être une séquence formidable.

« Le lendemain matin, à 9 heures, une baleine passe sous le bateau. Elle est littéralement mitraillée par les photographes amateurs du bord.

« Vers 10 heures commence la poursuite d'une baleine isolée faisant route au sud. Falco réussit à lui planter un harpon où est accroché un paquet de fluorescéine qui doit permettre de suivre sa trace et même de prévoir où elle va faire surface. C'est un nouveau « truc pour ne pas perdre la piste » que nous essayons de mettre au point. Les plongées de la baleine se font de plus en plus courtes : trente-cinq secondes. Elle s'inquiète et s'énerve un peu. Elle nous mène devant Minson Bay, une grande plage des environs de San Diego. Nous avons cru un moment qu'elle allait s'échouer sur la plage. Il n'y avait plus que 20 pieds de profondeur : 7 mètres de fond.

« Le zodiac est arrivé à toute vitesse sur le remous de la queue, Delemotte a coupé les gaz et laissé courir l'embarcation sur son erre. On voyait la baleine par transparence... à trois ou quatre mètres de la surface. Elle s'est presque immobilisée... Soudain elle a basculé sur elle-même en venant vers le zodiac. Elle montrait son flanc et son œil semblait observer attentivement les hommes. On aurait dit qu'une lueur d'intérêt brillait dans son regard... Toujours sur le flanc, elle s'est avancée encore, se poussant sur le zodiac lui-même comme pour voir les occupants d'encore plus près. Puis sa nageoire pectorale gauche, glissée sous l'embarcation, l'a soulevée presque totalement à un mètre au-dessus de l'eau et l'a fait descendre tout le long de son épine dorsale.

« L'équipe avait prévu l'attaque. Les trois hommes se sont aplatis dans le zodiac et ils ont réussi à ne pas se faire éjecter. Il n'y a eu aucun dégât.

« Jacques Renoir, à bord de l'autre zodiac, a pu filmer toute la scène.

« *25 janvier*. Nous avons fait route au sud presque toute la nuit. Aux premières lueurs de l'aube, nous sommes entourés de baleines ! A un mille environ au sud nous apercevons une baleine qui saute à plusieurs reprises — une fois au moins elle a bondi à peu près entièrement hors de l'eau. Nous commençons à poursuivre un groupe de quatre baleines qui réagissent de façon assez désordonnée, comme d'habitude. La poursuite s'organise vers 8 heures et nous espérons en harponner une avant la fin de la matinée.

« Le paysage a totalement changé depuis hier. Après les côtes américaines très habitées nous nous retrouvons sur des rivages assez désolés mais d'une belle sauvagerie dorée. Nous devons être au-delà de la frontière mexicaine. La rive est assez plate, mais juste devant nous se dressent des îles escarpées entre lesquelles il faut se glisser pour suivre les baleines. Vers 10 heures, un groupe de cinq baleines semble s'agiter un peu dans tous les sens, venant souvent respirer à la surface, laissant apparaître leurs nageoires plus que de coutume. Ted Walker caresse sa barbiche poivre et sel et nous dit qu'elles sont probablement en train d'essayer de s'accoupler — ce qui n'est jamais facile. Nous tentons de les approcher et d'harponner une femelle, mais en moins de dix secondes la baleine se débarrasse du harpon après l'avoir tordu fortement. Nous nous demandons pourquoi nos fers, après s'être plantés, se détachent ainsi. Est-ce que les barbillons sont trop courts, trop longs ? Le harpon s'enfonce pourtant dans le lard de la baleine. Dans ce cas précis, le tir fut trop tangentiel et le harpon a tout de suite été arraché — traction trop forte. Nous tenons un petit conseil de guerre à bord et nous décidons malgré tout de continuer à utiliser ce type de harpon et de fusil.

« Philippe veut essayer lui-même de planter le fer et nous nous mettons à poursuivre un autre groupe (nous avons le choix en général). Le temps est très couvert, la mer absolument sans ride... bonasse, sans soleil, et on nous promet de la pluie pour ce soir. Nous nous rapprochons considérablement de la côte — un quart de mille environ — et des quantités de marsouins accompagnent le zodiac.

« A 16 heures, Philippe lance le harpon, mais le coup paraît nul et le troupeau est perdu ! Nous renonçons à le poursuivre. En fait, et une fois de plus, le harpon s'est bien enfoncé, mais il est tout de suite ressorti sans crocher dans la graisse. Il est possible que les barbillons articulés ne s'écartent pas assez. Le harpon ne pénètre pas. Le mauvais sort nous poursuit.

« Une heure plus tard, nous apercevons un nouveau groupe de quatre baleines et nous essayons de les suivre. Mais il semblerait que nous les ayons déjà chassées (comment les distinguer les unes des autres ?) car elles restent inapprochables. Nous sommes actuellement sur un haut-fond rocheux. Le zodiac se trouve très en avant de nous. L'écho-sondeur est en marche, nous n'avançons qu'avec une extrême prudence. La nuit va tomber et nous craignons de heurter une roche. Nous tentons de faire revenir le zodiac. C'est dommage.

« A 17 heures 20 nous apprenons par radio que Canoé a tiré et nous sommes anxieux du résultat... La ligne s'est prise dans l'hélice et a cassé net. Ted Walker pense que le 40 CV est trop bruyant et trop rapide... et il est impossible de s'arrêter très vite avec tant d'élan. D'où l'incident de ce soir.

« *26 janvier*. En nous réveillant ce matin, nous découvrons un temps gris et maussade, froid. Une grosse houle du sud-est s'est levée pendant la nuit et nous a un peu gênés (bris de vaisselle, roulis, etc.). Plusieurs groupes de baleines nagent devant nous, direction 170°. Nous avons passé la nuit au mouillage près d'une petite île, San Martin, où vivent des millions d'oiseaux — cormorans et pélicans surtout — et une grande colonie d'otaries. D'un côté de l'île habitent quelques pêcheurs et de l'autre, les oiseaux et les otaries. Très bel exemple de coexistence pacifique.

« Assez tôt, Canoé réussit un tir au but et nous voyons avec joie la bouée qui file. Mais une fois de plus la ligne s'est cassée, peut-être cisaillée par les bernacles*, les parasites fixés sur le dos de la baleine, et qui lui donnent un aspect marbré et un peu pustuleux. Nous rajoutons 80 mètres de ligne et nous décidons de faire encore un essai. Nous passons à toucher un haut-fond (1,50 mètre) reconnaissable à un brisant. Des milliers d'oiseaux sont posés sur un îlot minuscule. Ils s'envolent dans une assourdissante cacophonie.

Un plongeur explorant la forêt de kelps au large du Cap de San Diego.

Avec le harpon à main

« Bientôt nous suivons un groupe de cinq baleines, puis un groupe de trois. Un très beau tir, mais qui donne encore de piètres résultats.

« Sur le coup de la colère, tous les harponneurs du bord ou candidats harponneurs jurent de renoncer au fusil norvégien — du moins pour l'instant. Il est convenu qu'on va faire des essais avec le bon vieux grand harpon à main des baleiniers du XIXᵉ siècle puisque nous en avons un sur le *Polaris*.

« Ted Walker qui, je crois, n'a jamais rencontré une équipe aussi « gonflée », se passionne pour l'expérience.

« Un groupe de huit baleines apparaît, assez loin, à 2 milles environ et il est signalé aussitôt par les guetteurs. Le zodiac fonce dans sa direction et essaie de ne plus lâcher l'un des animaux. A 14 heures 45, Canoé à l'avant du zodiac, dans la pose traditionnelle, se trouve en position de tir et frappe. Nous sommes figés. Canoé a donné le coup avec une telle force qu'il a cassé la hampe et a manqué de peu de s'affaler sur le dos de la baleine. La pointe du harpon reste enfoncée, traînant au-dessus de la mer un flot de rubans rouges. C'est un autre truc pour ne pas perdre le contact. Hélas, il est presque tout de suite perdu. La baleine sonde, entraînant ses rubans vers de mystérieux abîmes. Impossible de la retrouver. Nous la reverrons peut-être plus tard dans un lagon de Californie, toujours suivie de sa traîne rouge.

« *27 janvier.* Nous approchons des lagons. Nous voyons les grandes dunes de sable qui donnent à cette région l'aspect d'un désert blond s'avançant dans la mer. Juste avant l'entrée de Scammon Bay, se dresse une grande île très escarpée : Cedros. C'est là que nous avons mouillé hier soir.

« Appareillage à 7 heures, direction sud... Nous défilons devant les montagnes de Cedros dont les pentes rouges et jaunes semblent rayées par des coulées de cuivre. Les cimes sont cachées par de gros nuages blancs.

« La chasse aux baleines en zodiac reprend. Mais c'est une otarie qui se laisse filmer de très près dans l'eau par Bernard Delemotte et Philippe qui ont coupé le moteur juste à temps pour pouvoir jouer en plongée avec l'animal sans qu'il soit effrayé. Une bonne séquence, mais ce n'est pas ce que nous cherchons.

« C'est à l'île de Cedros que s'effectue la séparation en deux groupes des baleines grises : celles qui passent entre l'île et la terre entrent presque toutes dans le lagon de Scammon. Celles qui passent à l'extérieur continuent vers le lagon de Matancitas et la baie de Magdalena. Quelques-unes vont même jusqu'à la pointe extrême de la Basse-Californie.

« Nous suivons celles qui se dirigent vers le sud, et nous inaugurons une nouvelle tactique. Elle consiste à rattraper les baleines insensiblement sans accélérer et sans jamais faire pétarader le moteur maintenu au même régime. A une dizaine de mètres de la baleine, alors que tout paraissait gagné, le pilote du zodiac ne peut réprimer un instant de nervosité : il accélère ! Résultat immédiat : l'animal s'affole et disparaît.

« Autre tactique : arrêter le moteur et essayer de rejoindre un couple de baleines à l'aviron... Pratiquement impossible. Nous rentrons vers 13 heures, affamés et un peu nerveux. Nous décidons de reprendre le harpon à main et, coûte que coûte, de piquer une baleine. Au milieu de l'après-midi, tir réussi. La bouée se met à filer, mais s'arrête au bout de deux minutes. Cette série d'échecs commence à entamer un peu notre optimisme.

Pan sur la tête

« S'il est un homme qui à bord du *Polaris* participe à tous les efforts et aussi à nos déconvenues, c'est Ted Walker. Par ses conseils, sa merveilleuse intuition du comportement des baleines, il est d'une aide précieuse. Philippe et ses camarades ont en lui un compagnon infatigable, toujours bienveillant, toujours prêt à répondre à toutes les questions. Il montre pour les baleines une affection passionnée qui est communicative. Par rapport aux jeunes plongeurs, c'est un vieux monsieur et un savant respectable. Il sait par sa gentillesse abolir toutes les distances et faire oublier les différences d'âge. Il supporte sans se plaindre les dures conditions de la vie à bord d'un bateau aussi petit que le *Polaris* où tout le monde est entassé. La vue d'un souffle de ses chères baleines lui fait oublier tout le reste.

« Sans doute pour aguerrir nos camarades, Ted leur a raconté l'accident qui a failli coûter la vie à son ami Rick Grigg. Il plongeait en scaphandre autonome. En faisant surface, il se trouva si près d'une baleine grise qu'il pouvait la toucher. C'est exactement ce qu'il fit. Il sentit un frémissement de chair comme sur la robe d'un cheval. Il y eut un grand bouillonnement, le monde sous-marin sembla exploser. Un trou noir.

« La seule chose dont Rick Grigg s'est souvenu, c'est qu'il s'est retrouvé assis dans le bateau de son compagnon de plongée. Il lui reste sur le front une cicatrice qui provient sans aucun doute d'un coup de la queue énorme de la baleine qui était incrustée de bernacles.

« Les « marquages » que le *Polaris* a tenté d'effectuer sur les baleines grises ont été aussi inoffensifs que ceux que nous avons réalisés sur les

Le rorqual entraîne un plongeur accroché à sa nageoire dorsale.

cachalots dans l'océan Indien. Les « marques » dont se sert la Commission baleinière internationale (International Whaling Commission) entrent encore plus profondément que celles dont nous nous sommes servis, et pourtant ces marques ne semblent pas leur causer de blessures. On en a trouvé non seulement enfoncées dans le lard, mais enrobées et cachées par de nouvelles couches de graisse. Si nous avons eu tant de mal et pendant si longtemps pour arriver à accrocher une bouée à une baleine grise, c'est bien parce que nous avons refusé de nous servir d'armes dangereuses et que nous avons toujours employé des harpons légers dont l'animal le plus souvent se débarrassait presque tout de suite.

« Peu à peu, nous avons appris à réaliser le marquage aussi vite et aussi délicatement que possible.

« La bonne manœuvre consiste principalement à savoir se placer derrière la baleine à quelques dizaines de mètres et à attendre qu'elle vienne respirer. Il n'est pas mauvais non plus, pour lui inspirer confiance, de couper les gaz pendant quelques secondes afin de la tromper sur la distance

Un cachalot au voisinage de la surface.

à laquelle se trouve le zodiac. Mais il n'y a pas de règle absolue dans ce genre de poursuite. Chacun dans notre équipe y apporte ses qualités particulières : les uns l'ingéniosité, d'autres la vivacité des réflexes, d'autres la force. Et surtout un sang-froid imperturbable. »

Les parasites

L'équipe du *Polaris III* et moi-même, quand je suis venu avec la *Calypso* achever cette importante mission, nous avons fini par éprouver une sympathie particulière pour les baleines grises, malgré tous les tours qu'elles nous jouaient. Nous nous sommes attachés à elles en raison de leur intelligence, un peu comme on s'attache à des enfants brillants mais difficiles.

Il faut bien reconnaître qu'elles ne sont pas très belles à voir : leur corps et l'immense triangle de leur queue sont couverts de taches qui sont les cicatrices de parasites.

La présence des parasites sur les baleines est liée aux migrations. C'est dans les mers tropicales qu'elles se couvrent notamment de coronules, que l'on prend à tort pour des mollusques. Ce sont des crustacés dégénérés : des cirripèdes. Ils se vrillent profondément dans la peau délicate des cétacés, comme d'autres formes voisines, les balanes*, s'accrochent aux rochers, mais dès le retour dans l'Arctique, les parasites se détachent.

Les malheureux cétacés sont aussi infestés de « poux de baleine » ou *Cyamidæ* dont heureusement les oiseaux les débarrassent volontiers.

Enfin, parmi toutes les cicatrices qui marquent leur peau, il en est de rondes, découpées à l'emporte-pièce et dont on pense qu'il s'agit de morsures de lamproies.

Sur les côtes de Sibérie, certaines baleines grises auraient trouvé un moyen ingénieux de tuer leurs parasites : elles viennent se doucher au pied des falaises d'où tombent des cascades d'eau douce.

Toutes voyageuses

Une erreur communément répandue est d'affirmer que les cétacés se sont réfugiés dans les mers froides parce qu'ils avaient été trop chassés par l'homme. En réalité leurs déplacements sont liés à des conditions de température et de nourriture. Les crustacés dont ils se nourrissent, abondent l'été dans l'Arctique et l'Antarctique. Tandis que les mers tropicales offrent l'hiver les conditions idéales à l'accouplement et à la mise bas. Pendant l'été antarctique, dans des eaux à 0°, les baleines trouvent en abondance le krill *(Euphausia superba)* qui est leur nourriture de base. L'hiver elles vont pour leur voyage de noces chercher sous l'équateur les eaux tièdes.

« On sait maintenant, écrit le professeur Budker, qu'il existe deux populations de baleines, l'une dans l'hémisphère nord, l'autre dans l'hémisphère sud et que ces deux groupes ne se mélangent pas. »

Les baleines à bosse

Les humpbacks ou baleines à bosse, remarquables par leurs très grandes nageoires blanches et leurs chants, offrent un exemple assez particulier de migration.

Elles vont accoucher entre janvier et mars dans les eaux tièdes des Caraïbes : autour de Porto Rico, des Bahamas, des îles Vierges. En avril, mai et juin, elles se trouvent au large des Carolines à l'ouest du Gulf Stream. Elles séjournent sur les hauts-fonds des Bermudes où nous les avons filmées tout en enregistrant leurs extraordinaires bavardages. Il semble que cette halte aux Bermudes leur permette de refaire leurs forces avant leur voyage vers le nord-est qui les entraîne vers l'Islande et la Norvège.

En raison de la régularité de leur migration, les baleines à bosse ont été exterminées par les baleiniers autour de Terre-Neuve, au large des côtes sud du Labrador et autour de la Nouvelle-Zélande et de l'Australie.

Pour les chasseurs, elles ont un avantage qui a causé leur perte : elles longent doucement les côtes et lorsqu'elles cherchent leur nourriture ou qu'elles s'accouplent, on peut les approcher sans qu'elles s'enfuient, ainsi que nous en avons fait l'expérience aux Bermudes.

Jusqu'à ces derniers temps, elles n'ont pas été épargnées. Les baleiniers se servent d'hélicoptères, de bateaux radioguidés, de sonars et de canons harpons pour massacrer plus sûrement les derniers troupeaux. Comme ces baleines ont la fâcheuse habitude de couler aussitôt mortes, on leur insuffle de l'air comprimé pour les maintenir à flot. Aucune population ne peut résister à un tel massacre de haute technicité. Mais l'industrie baleinière se condamne elle-même en condamnant l'espèce à disparaître.

Etrange comportement de l'homme à l'égard du seul cétacé vraiment « chanteur » qui existe sur la planète.

Un moteur de 500 CV

Dans tous les récits de rencontres avec les baleines, aussi bien que sur les centaines de photographies que nous avons prises, on peut se rendre compte de l'importance primordiale que joue dans la vie des grands cétacés leur nageoire caudale. C'est à la fois une arme dont ils se sont parfois servis contre nos plongeurs, un moteur qui rend possibles leurs longs voyages et dont la puissance a été évaluée à 500 CV.

Avant qu'on réussisse à la freiner, quand une baleine frôlait les plongeurs, ils avaient l'impression d'être bousculés par une locomotive lancée à vive allure. En outre, le passage du monstre faisait un énorme remous. Quand l'animal disparaissait, la queue provoquait un train d'ondes à l'arrière. La caméra était inutilisable pendant de longues secondes. Elle était ballottée par cet énorme déplacement d'eau.

C'est Deloire qui, très judicieusement, a fait la distinction entre la nage du requin et l'allure de la baleine ou du cachalot. Le requin se lance comme une fusée, propulsé par une torsion de tout son corps musculeux. Un cétacé a une progression rythmée et harmonieuse. Si puissante que soit la queue horizontale, elle bat lentement, souplement. C'est un balancement dans l'épaisseur de la mer.

Nous avons rencontré dans l'océan Indien un requin-baleine *(Rhineodon typus)* qui n'est pas une baleine, mais un vrai requin avec une queue verticale dans le prolongement du corps. Pourtant il avait dans sa nage le rythme lent et gracieux du cachalot. Car c'est le plus énorme des requins, 12 à 15 mètres de long. Pour ces géants, le battement rapide avec une queue très large, qu'elle soit horizontale ou verticale, est probablement exclu parce que, quelle que soit leur puissance, ils ont à remuer beaucoup d'eau.

Il faut, comme nous l'avons dit, avoir vu sonder les cachalots pour savoir à quel point ce battoir est impressionnant. De tous les cétacés, le cachalot est le seul qui, en partant pour une longue plongée au fond de la mer, bascule en érigeant au-dessus de la surface cette plaque de chair grise qui semble formée de deux ailes. On voit d'abord le dos rouler, la bête basculer, puis émerge au-dessus de la mer un triangle noir, insolite, comme un corps étranger.

Un bond en surface

C'est aussi cette queue gigantesque qui permet à l'animal de se dresser et de se propulser tout entier hors de l'eau.

Dans mon journal, je retrouve encore cette note à la date du 24 janvier 1968 :

« En fin de journée, alors qu'il n'y a pratiquement plus de lumière pour filmer, nous voyons par deux fois une baleine sortir, bondir plutôt, complètement hors de l'eau. Spectacle fantastique, mais hélas trop bref. Il faut donc constamment veiller et ne jamais se laisser décourager même s'il ne se passe rien. »

Cette fois-ci, il s'agissait bien d'une baleine et non pas d'un cachalot et même probablement d'une baleine grise. Tous ces grands cétacés doivent sonder pour se nourrir et c'est leur caudale horizontale qui leur permet d'effectuer ces allées et venues entre la surface où ils respirent et le fond où ils mangent. Ils disposent en réalité d'un très grand gouvernail de profondeur en même temps que d'une sorte de godille posée à plat dans l'eau. C'est pour eux l'instrument idéal.

A 35 nœuds

A quelle vitesse se déplacent les cétacés ? Il faut distinguer selon les espèces. Nous avons eu de nombreuses occasions de chronométrer les animaux que nous avons rencontrés, aussi bien dans l'océan Indien que dans le Pacifique. Voici quelques-unes des indications que nous avons pu recueillir.

Là encore, ce sont les cachalots qui paraissent bien être les champions. Livrés à eux-mêmes, ils ne se déplacent guère qu'à 3 ou 4 nœuds. Mais ils font des pointes de 10 à 12 nœuds dès qu'ils sont inquiétés. On a constaté aux Açores que des cachalots poursuivis étaient capables de remorquer des barques à 20 nœuds.

Une baleine bleue de 100 tonnes, longue de 27 mètres, fait 14 à 15 nœuds pendant deux heures et 20 nœuds pendant dix minutes. Chez un rorqual, on a observé des pointes de 18 nœuds.

On dit que la sei (1) serait encore plus rapide et capable d'atteindre 35 nœuds. Mais nous n'en avons jamais rencontré.

Les baleines à bosse ont des possibilités inférieures. Elles marchent normalement à 4 nœuds et si elles sont inquiétées, elles peuvent dépasser les 10 nœuds. Il faut se souvenir que la femelle ralentie par son baleineau va encore moins vite et que le groupe, refusant de l'abandonner, règle son allure sur elle.

En croisière, la baleine grise que nous avons pu suivre et observer très longuement aussi bien à bord du *Polaris* que de la *Calypso* et en zodiac, se déplace à 4 ou 5 nœuds.

Nous avons constaté qu'effrayée, elle peut atteindre des vitesses de pointe de 10 nœuds, peut-être plus, en tout cas supérieures aux 7 à 8 nœuds dont la créditaient les cétologues.

Enfin, nous avons calculé que pour sauter hors de l'eau comme elles le font — dans des conditions et pour des raisons que nous n'avons pas encore bien réussi à définir — il faut qu'elles atteignent une vitesse d'accélération de 30 nœuds. Il semblerait que les mâles sautent plus fréquemment que les femelles. La durée de la plongée varie de quatre à quinze minutes.

Malgré la puissance de leur moteur et l'énormité de leur masse musculaire, ces animaux sont loin d'être les plus rapides de la mer. Des cétacés plus petits, comme l'orque, le dauphin ou le marsouin, atteignent des vitesses incomparablement plus grandes.

---

(1) Voir appendice I : « Les cétacés ».

Le souffle d'une baleine grise au large de la Basse-Californie.

4

des champions de l'apnée

Les cachalots sont de merveilleux plongeurs. Ils sont nos maîtres. Mammifères à sang chaud, comme nous, respirant avec des poumons, ils ne semblent connaître, en plongée, aucune des servitudes qui sont notre lot : ni l'ivresse des grands fonds* ni les accidents de décompression*. Il y a là un mystère. En nous efforçant de l'éclaircir, nous parviendrons peut-être à améliorer la condition de l'homme dans l'eau, les possibilités du plongeur.

Quand un cachalot sonde en faisant basculer tout son grand corps et en érigeant au-dessus de l'eau sa large caudale, à quelle profondeur descend-il ?

J'ouvre une fois de plus mon journal. Il s'agit toujours de la croisière de la *Calypso* dans l'océan Indien.

Lundi 22 mai. Nous avons dérivé de 5 milles seulement durant la nuit. Nous mettons, à tout hasard, le cap sur Shab Arab. Nous n'irons pas loin. Nous nous déroutons bientôt pour aller reconnaître des dauphins : c'est une politique. Bien sûr, ce ne sont pas les dauphins que nous cherchons. Mais nous avons remarqué que très souvent, il y a sur l'océan des « zones de concentration de vie », des points de rassemblement provoqués sans doute par une abondance de nourriture. Il peut s'agir de formes microscopiques, plancton, crustacés minuscules. Cette provende attire tout le monde, même les cachalots. Il y a dans la mer une chaîne des appétits qui se noue sur place. C'est encore le cas aujourd'hui. A 10 heures 30, nous approchons avec la *Calypso* un groupe de cachalots paisibles, « muscades ». Deloire est sur la plate-forme de harponnage, Barsky derrière, Falco à l'étrave avec un de nos nouveaux harpons à main, lourds, mais à pointes trop faibles, Li dans la chambre d'observation sous-marine. Alan et Jack, très excités, filment tout avec toutes les caméras qu'ils trouvent.

Le premier « sujet » qui se présente est un cachalot jeune ou plutôt adolescent. Falco le harponne sur le côté, il se débat violemment sous nos yeux et arrache la pointe. A refaire. Le second est adulte, il se présente bien, mais reçoit le harpon à plat. Nous récupérons notre arme, décidément trop inoffensive.

Le troisième (ils sont inconscients !) est énorme, le plus gros du groupe. Falco lance de toutes ses forces. Je suis à côté de lui. Je vois la pointe frapper sur le flanc gauche, et j'entends un bruit extraordinaire comme celui que fait un cartable d'écolier en cuir épais que l'on jette à plat sur le sol : la peau du cachalot a été crevée comme celle d'un tambour, mais elle paraît tellement plus dure et plus épaisse !

Je suis sûr que la pointe n'a pas atteint la chair sensible. Elle est restée enfoncée dans l'épaisse couche de lard sous la peau : une couche de 50 à 60 centimètres alors que notre pointe ne dépasse pas 40 centimètres. Le cachalot a dû à peine sentir le coup. Pourtant il s'arrête de nager et il se met à tourner en rond, la tête hors de l'eau, comme s'il cherchait à savoir d'où lui est venue cette pichenette dans l'eau. Tout à coup il se décide pour le départ. Il démarre à toute allure. Le filin de polypropylène se dévide en sifflant hors du panier installé sur la plage avant. Quand les 500 mètres sont déroulés, la grosse bouée rouge qui y est attachée passe par-dessus bord. Nous la suivons des yeux : elle est remorquée et saute de lame en lame à grande vitesse. C'est une rencontre qui promet.

Deloire part en zodiac avec la Tégéa 35 mm. Nous ne perdons pas de vue le cachalot qui nage vers le troupeau de ses compagnons et l'a rapidement rejoint. Ils sont sept ou huit. Deloire se jette à l'eau au milieu de ces monstres et réussit, semble-t-il, un plan où l'on verra ensemble plusieurs cétacés.

Pendant une heure environ, le cachalot tourne sagement autour de la grosse bouée rouge, à l'extrémité de sa laisse de 500 mètres de long. Tout d'abord ses compagnons restent auprès de lui. Puis ils l'abandonnent, laissant tout de même avec le captif un autre grand cachalot qui nous semble de la même taille que le nôtre. Puis ce dernier compagnon fidèle s'en va à son tour et le prisonnier reste seul. Nous blâmons, prématurément, cet apparent manque de solidarité.

Les plongeurs, qui ont déjà goûté au rodéo-cachalot, voudraient bien s'en offrir un de plus avec l'animal qui tourne autour de sa longe comme un cheval de cirque. Mais il est plus vif qu'il ne paraît et il « sent » approcher les plongeurs. D'un coup de queue il s'éloigne de vingt mètres, puis revient décrire des cercles. Les plongeurs s'épuisent en essayant de le rattraper. Le zodiac les recueille les uns après les autres à bout de souffle. Il faudrait avoir dix plongeurs embusqués autour de lui pour réussir à chevaucher ce mustang. Par radio, je donne au zodiac l'ordre de cesser cette voltige qui fatigue tout le monde sans profit.

A moins 800 mètres

Vers 16 heures, changement d'attitude : notre animal dresse sa queue et sonde. Quelques instants plus tard, la grosse bouée rouge s'agite et disparaît.

Quelques mots sur nos bouées : ce sont des ballons de plastique épais, *gonflés ;* ce modèle a été mis au point par le Gaz de France pour soutenir les gazoducs sous-marins pendant leur pose. Elles ont en surface un volume de 60 litres environ. Il faut donc tirer de 60 kilos au moins vers le bas pour les enfoncer (1). Par contre, elles ne s'écrasent à aucune profondeur puisqu'elles sont souples et reprennent leur forme et leur flottabilité quand elles reviennent en surface.

Notre cachalot est donc descendu au moins à 400 ou 500 mètres. Il y reste d'ailleurs près d'un quart d'heure ; puis il fait surface et, plusieurs minutes après, nous apercevons la bouée qui sautille joyeusement sur l'eau. Vite, j'envoie un zodiac accrocher une deuxième bouée au bout de 300 mètres de ligne supplémentaire. Et nous gonflons un kytoon à l'hydrogène, avec de jolies papillottes en papier d'aluminium pour donner de bons échos au radar pendant la nuit.

Le kytoon est accroché à environ 30 mètres au-dessus de la deuxième bouée ; il vient à peine de tendre sa ligne que le cachalot sonde à nouveau ! La première bouée disparaît ; puis après une à deux minutes pendant lesquelles la *Calypso* surveille anxieusement les opérations, la deuxième bouée s'agite à son tour et s'enfonce. Alors, avec consternation, nous voyons le

---

(1) A 10 mètres de fond, elles ne flottent plus que de 30 kg, à 30 mètres de 15 kg, à 70 mètres, elles ne flottent plus que de 7 kg et ensuite leur tendance à tirer vers le haut devient négligeable.

kytoon descendre, descendre, se poser sur l'eau... et dès que la ligne a cédé, nous le voyons remonter, remonter, puis s'élever seul en l'air, et disparaître au firmament...

Il se décroche

Notre cachalot a donc atteint ou dépassé 800 mètres de fond. En désespoir de cause, nous ajoutons 300 mètres de ligne, une troisième bouée et nous gonflons un deuxième kytoon. Malheureusement, il manque à ce kytoon une « baleine » (c'est le cas de le dire !) ou un tendeur quelconque pour en raidir le gouvernail, mais nous ne nous inquiétons pas parce que sans vent, il se comporte bien.

Cette fois, quand le cachalot effectue une troisième plongée profonde, les deux premières bouées disparaissent bien l'une après l'autre, mais la troisième se contente d'avancer lentement et reste en surface.

Il est impossible de savoir exactement à quelle profondeur le cachalot est descendu puisqu'il n'a évidemment pas sondé tout à fait à la verticale. Mais il y avait une distance assez faible entre le point où il a disparu et celui où il a fait surface. C'est la preuve qu'il est allé tout de même assez droit vers le fond. Je pense que l'on peut affirmer qu'il a dépassé 800 mètres, mais n'a pas atteint 1 200 mètres.

A la tombée du jour, nous nous apprêtons à suivre le cachalot et son kytoon au radar, comme nous avons fait dans la nuit du 12 au 13 mai pour la baleine. Mais le vent se lève, le clapot brouille l'écran du radar, le kytoon ne s'y lit plus, j'organise en hâte une « garde en zodiac », près de la troisième bouée. Elle durera toute la nuit. Bonnici l'inaugure et par radio me communique que le kytoon est rabattu sur l'eau par le vent, sans doute parce que l'aileron stabilisateur n'a pas une armature rigide. Il le décroche et l'amarre au zodiac.

Au début de la soirée, la troisième bouée cesse brusquement d'avancer. Bonnici me signale que d'après lui le cachalot doit s'être décroché « à moins qu'il se soit endormi... ». Nous continuerons quand même la garde jusqu'au jour.

Mardi 23 mai. A l'aube, nous embarquons les lignes et constatons que l'animal s'est bien décroché. On examine la pointe. La dernière des trois barbes, celle qu'on avait laissée pour faire basculer la pointe dans le lard, est partie, l'axe cassé. Le fil d'acier inoxydable qui relie la pointe à

Un cachalot passe devant l'étrave de la *Calypso* dans l'océan Indien. L'alerte est aussitôt donnée et les plongeurs se préparent.

Le zodiac qui a été rapidement mis à l'eau se dirige vers deux souffles qui viennent d'apparaître.

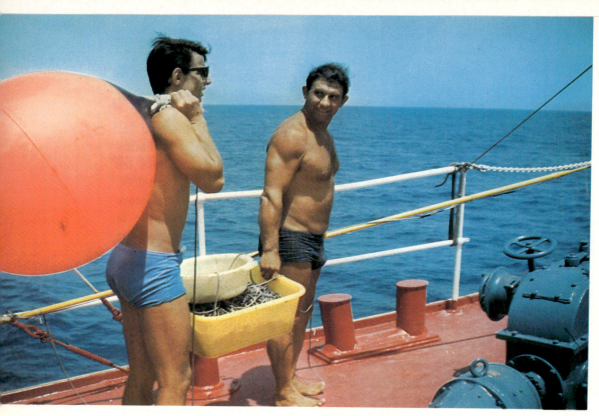

Bonnici et Falco préparent les bouées et la ligne de nylon qui doivent être fixées au harpon.

d'infimes gouttelettes provoquées sans doute par la vigueur de la caudale. Ils naviguent alors à 5 ou 10 mètres seulement de la surface. Mais leurs possibilités sont incroyables. Ils restent souvent vingt minutes sans respirer, alors que rien ne les y oblige. »

Comme quoi il n'y a pas de règle absolue dans le comportement animal. L'image si spectaculaire du cachalot qui sonde en érigeant la totalité de son énorme queue au-dessus de la surface annonce une plongée profonde.

Canoé Kientzy et Bernard Delemotte dans le zodiac avec le harpon et la bouée.

Deux chalands s'efforcent d'encercler un rorqual.

Mais, comme nous avons pu le vérifier à plusieurs reprises, il arrive aussi au cachalot de disparaître sous la surface sans sonder et il se déplace alors à faible profondeur.

A moins 150 mètres

En principe les baleines ne sondent pas lorsqu'elles font route au cours de leur migration, à moins qu'elles ne soient dérangées et pourchassées.

Les observations que nous avons faites sur les baleines grises, aussi bien avec le *Polaris III* qu'avec la *Calypso,* indiquent que ces cétacés à fanons plongent beaucoup moins longtemps que les cachalots.

Nous avons établi un relevé très précis des temps d'apnée des baleines grises rencontrées le long de la côte du Pacifique et des profondeurs probables auxquelles elles descendaient. Le record du temps de plongée est de huit minutes vingt-sept secondes et la moyenne se situe entre deux et quatre minutes. La plus grande profondeur estimée est de 150 mètres. C'est Bernard Mestre qui était chargé de ces observations délicates et il s'en est acquitté avec un soin scrupuleux.

Les baleines à bosse semblent un peu mieux douées pour la plongée. Les membres de notre équipe qui les ont observées ont chronométré des temps d'apnée qui vont de dix à quinze minutes.

Seul, semble-t-il, le rorqual peut rivaliser avec les cachalots ainsi que l'a prouvé celui que nous avons marqué dans l'océan Indien.

Plus encore que la durée de la plongée des cétacés ou la profondeur à laquelle ils descendent, une particularité mystérieuse m'émerveille : les animaux en immersion, si loin ou si bas qu'ils soient, semblent toujours savoir ce qui se passe en surface et ils règlent leur conduite en conséquence.

Nous en avons eu un éclatant exemple avec le baleinoptère de Mahé (1) dont j'ai déjà parlé et qui nous a si habilement feintés. Quand il sondait, il savait en permanence où se trouvaient la *Calypso,* le zodiac et le chaland, même si les hélices ne tournaient pas, tous les moteurs étant coupés.

La myoglobine

Tous les mammifères ne sont pas capables des mêmes performances lorsqu'il s'agit de se déplacer sous la surface de la mer sans respirer. Les chats, les chiens, les lapins peuvent rester trois à quatre minutes en apnée. Le rat musqué douze minutes, les phoques et les castors quinze minutes.

On voit que les talents de plongeur des cétacés ne sont pas tout à fait inconnus chez les mammifères terrestres. Ils sont seulement plus développés. Et encore, on remarquera que le castor bat la faible performance des baleines grises.

Mais à quoi tient le succès des cachalots ?

Il n'est pas dû à une capacité exceptionnelle des poumons qui ne sont pas particulièrement développés par rapport à la taille de l'animal.

Mais en surface, le cachalot ventile ses poumons beaucoup plus complètement que tous les autres mammifères. Il renouvelle à 80 ou 90 % l'air contenu dans la cage thoracique, alors que chez l'homme le renouvellement n'est que de 20 %. Une aspiration chez la baleine équivaut à huit chez l'homme.

Le cachalot respire d'ailleurs à une cadence extraordinairement lente : six fois par minute. Le rythme est encore plus lent chez les baleines : une fois par minute.

(1) Voir chapitre I.

La chair des grands cétacés est très sombre, presque noire. On a remarqué que cette coloration était particulière aux mammifères qui sont d'excellents plongeurs. Cette teinte foncée est due à la présence de la myoglobine qui fixe l'oxygène dans les muscles. C'est là une des meilleures explications que l'on puisse donner de cette faculté de vivre en apnée. Selon le professeur Grassé : « De l'oxygène utilisé par un homme qui plonge, 34 % proviennent des poumons, 41 % du sang, 13 % des muscles, 12 % d'autres tissus ».

Pour la baleine les proportions seraient tout autres : 9 % proviendraient des poumons, 41 % du sang, 41 % des *muscles* et 9 % d'autres tissus.

Les « réseaux admirables »

Resterait à expliquer le fait que les cétacés, mammifères à respiration pulmonaire comme nous, semblent immunisés contre les dangers que l'azote fait courir au plongeur humain. Cette immunité, que nous envions et qui me hante depuis de nombreuses années, serait due à un ensemble de particularités physiologiques. Il s'agit d'abord des « réseaux admirables », système circulatoire très particulier que l'on retrouve chez les loutres et certains pinnipèdes. Ce sont des amas de vaisseaux sanguins disposés de part et d'autre de la colonne vertébrale et qui finissent juste à la queue. Ces réseaux sont de deux sortes : artériels ou veineux. C'est un système qui favorise le déplacement de grandes quantités de sang dans différentes parties du corps : il assurerait par exemple l'irrigation du cerveau ou du cœur en plongée. Il est possible aussi que ce soit un régulateur de température. On a également invoqué, pour expliquer l'aptitude à la plongée, la grosseur des sinus veineux ; on a fait remarquer aussi que les épaisses couches de lard des cétacés pouvaient contribuer à l'absorption de l'azote au cours de l'apnée. C'est le même rôle que jouerait une émulsion huileuse dont on a constaté la présence dans les poumons et qui serait également à l'origine du « souffle ».

Aucune certitude dans toutes ces explications. Les expériences véritables nous manquent. Sont-elles même possibles ?

Une seule indication peut-être : les battements du cœur des cétacés sont lents comme le sont ceux des reptiles aquatiques, serpents ou iguanes marins des Galapagos, qui peuvent demeurer longtemps en apnée.

Le souffle

Lorsque Philippe est allé reconnaître les lagons de Basse-Californie pour repérer les baleines grises, il est revenu en avion à San Diego en survolant la côte intérieure de la mer de Cortès.

Il était accompagné de Ted Walker et de Wally Green. Sur la côte mexicaine, ils ont survolé le canal de Las Ballenas — le bien nommé — qui est situé entre la rive et l'île Angel de la Guardia. Du ciel, ils ont aperçu un troupeau de rorquals qui semblaient bien être sinon des sédentaires, au moins des habitués de ces parages.

Philippe s'est posé aussitôt près d'un village de pêcheurs et a loué un bateau. Voici comment il raconte l'extraordinaire journée qu'il a vécue avec ses deux compagnons, nos amis Ted et Wally :

« Il faisait très beau. Nous sommes partis pour aller voir le troupeau. Prodigieux spectacle : sur ces côtes déchiquetées, rouges, majestueuses, ce sont des falaises très hautes, âpres et découpées, sans un arbre, sans végétation, le désert absolu, un désert de roche. Des falaises de cinquante mètres tombent à pic dans l'eau.

« Une mer d'huile, un bateau à moteur merveilleusement silencieux comme seuls savent les faire les Américains. Nous voyons les baleines, nous nous arrêtons et dans le silence presque total, surtout à l'avant du bateau, l'énorme souffle du rorqual s'élève à trois mètres de l'étrave. L'univers semble empli de ce souffle caverneux. Nous étions à l'intérieur de la mer de Cortès. Il ne pouvait pas s'agir de baleines grises, mais de rorquals. Les baleines grises ne pénètrent jamais dans la mer de Cortès.

« Ted s'est mis tout à coup à hurler et à trépigner. Nous avons compris pourquoi. Nous avions un rorqual de chaque côté, à cinq ou six mètres du bateau et nous avancions tous à la même vitesse. De temps en temps les rorquals se laissaient couler doucement. Nous continuions à avancer et l'eau devant nous était couverte de bulles, comme de l'eau gazeuse. Ces bulles provenaient d'un banc de petits poissons qui changeaient de profondeur brutalement. Ils lâchaient par la bouche le gaz de leur vessie natatoire.

« J'ai compris ce qui arrivait. Les baleines qui voguaient de chaque côté de nous se servaient de notre bateau et du bruit de son moteur pour encercler les petits poissons.

« C'est là que, pour la première fois, j'ai découvert et vu à l'œuvre l'intelligence des baleines. Leur intervention a été très rapide : dans les vingt minutes qui ont suivi notre arrivée sur place.

Les cinéastes tentent de filmer le cachalot qui est déjà hors de portée.

Des souffles de baleines grises dans la baie de Scammon.

« L'eau était trouble, je n'ai pas pu plonger pour filmer, mais je ne l'ai pas regretté : la scène vécue à bord de notre petit bateau était plus extraordinaire que vue dans l'eau. Il était merveilleux, dans ce grand silence du désert, d'être tout contre une baleine qui nage moins vite qu'un homme allant au pas. L'un de ces géants, celui qui nous suivait à tribord, était trois fois plus grand que notre bateau. Ted a évalué sa longueur à 85 pieds : 25 mètres ! Celui de bâbord était plus petit.

« C'était mon premier contact, réel et sérieux, de tout près, avec une baleine. Des baleines, j'en ai vu toute mon enfance quand j'étais sur la *Calypso*. Mais ce jour-là je voyais et j'entendais « le souffle ». L'animal était tout proche. La sensation était bien différente de tout ce que je connaissais : le bruit surtout m'a stupéfait. On aurait dit qu'une caverne flottante résonnait sur la mer et le son mystérieux se prolongeait en échos

Les plongeurs explorent les fonds de coraux des Bermudes.

menaçants. Ce fut l'un des après-midi les plus marquants de ma vie. J'ai compris toutes les épouvantes, toutes les fables qu'ont suscitées les baleines.

« Qu'est-ce que j'avais connu des baleines jusque-là ? Des silhouettes aperçues depuis la *Calypso*. Des récits plus ou moins romancés, des schémas, des croquis dans des livres. Je les voyais maintenant en vraie grandeur, de tout près. Je les entendais : il y avait dans cette sonorité monstrueuse une vie plus énorme que dans leur masse à demi immergée.

« Il y avait plus encore : je respirais l'haleine même de la baleine. Le souffle retombait sur nous. Une buée légère, une poussière d'eau me couvrait la figure, les mains, enveloppait le bateau. Cette vapeur ne sentait pas mauvais. C'était une odeur à peine musquée, fine. C'était l'étrange vaporisation dont seul un géant tout proche pouvait nous marquer, asperger notre peau avec une souveraine autorité. »

La corvée de nettoyage des hublots du faux-nez de la *Calypso*.

Encore une énigme

Contrairement à ce que l'on pense trop communément, le souffle n'est absolument pas un « jet d'eau ». Le professeur Budker est formel sur ce point : « Anatomiquement, écrit-il, il est impossible qu'un cétacé rejette de l'eau par l'évent, car il n'y a chez les mammifères marins aucune communication entre les voies respiratoires et les voies digestives. Respiration et déglutition s'effectuent indépendamment l'une de l'autre et l'eau absorbée par la bouche n'a aucune chance d'être rejetée par l'évent. »

Qu'est-ce qui donne à ce souffle son apparence de vapeur blanche ? L'explication la plus vraisemblable est que l'air, comprimé par la plongée dans le thorax des cétacés, se détend au moment de l'expiration, provoquant un abaissement de température et une condensation de la vapeur d'eau.

Chez les cétacés de faible dimension le souffle est invisible, chez les orques et les dauphins notamment.

Bernard Delemotte est collectionneur de dents. Il a mis à sécher une mâchoire d'orque.

Les mésaventures d'un cardiologue

Le souffle, comme le temps de séjour en apnée, est, semble-t-il, en rapport avec la fréquence des battements du cœur. Il s'est trouvé un cardiologue américain qui s'est mis en tête d'obtenir un électrocardiogramme de baleine. Il s'agit du docteur Paul Dudley White qui a soigné Eisenhower lorsqu'il a été victime d'un infarctus.

Le docteur White, qui est un ami de Ted Walker, avait déjà enregistré des électrocardiogrammes d'éléphant (30 battements à la minute) et d'oiseau (1 000 battements). Il semble que plus l'animal est gros plus le cœur bat lentement.

Ted Walker nous a raconté que le docteur White avait fait choix pour son expérience des baleines grises, considérées comme les plus abordables (!). Il forma une équipe, monta une expédition, arma un bateau, mais ses plongeurs peu familiarisés avec les mœurs des « grises », tentèrent de fixer des

La tête de la baleine à bosse dont on distingue nettement le regard.

dauphins pour localiser proies et obstacles à grande distance, tandis que les hautes fréquences servent surtout à des communications entre individus de même espèce.

La vue, si importante pour le comportement des mammifères terrestres, n'est pas pour les cétacés le sens le plus important. C'est l'ouïe qui est prépondérante. Baleines et cachalots équilibrent et dirigent leur vie dans un univers de sons. Bien qu'ils n'aient pas de cordes vocales, ils parlent, ils chantent. Ils écoutent et surtout ils émettent des signaux sonores qui, par réflexion, les renseignent sans cesse sur le milieu où ils évoluent.

Les cachalots *grognent* pour échanger des impressions et *craquent* d'une façon très rythmée et à un niveau sonore très élevé, pour explorer l'espace. Ils s'entendent et se repèrent parfaitement entre eux à des distances de plus de 3 milles marins. Cela explique pourquoi on rencontre des jeunes isolés, loin de leurs parents : ils savent en permanence, mutuellement, où ils se trouvent et ce qu'ils font. Cette localisation, cette écoute ne sont pas automatiques ni passives. Je pense que leurs émissions et leurs réceptions sont *orientées* et qu'ils doivent se tourner comme une antenne de radar pour explorer l'espace. Cela explique que la *Calypso* les approche facilement de l'arrière, sans donner l'éveil. Par ailleurs, quand ils cherchent à savoir ce qui se passe autour d'eux et qu'ils se dressent verticalement, le bord de leur museau hors de l'eau, ce n'est pas pour voir la *Calypso* comme nous le pensions. Le plan d'émission (et peut-être de réception) est perpendiculaire au cylindre du corps. Et sans doute y a-t-il un lobe préférentiel dirigé vers le bas.

En surface, les cachalots explorent sans cesse les profondeurs avec leur sonar : tac, tac, tac, tac... Si un ou plusieurs calmars de forte taille sont repérés à 600, 800 mètres ou même 1 000 mètres *sous* eux, ils sondent à la verticale et vont droit à leur proie sans hésiter. Cette perpendicularité du plan de sonar me semble expliquer les plongées *à la verticale* des cachalots et des globicéphales.

Le bruit des moteurs hors-bord leur est particulièrement désagréable. C'est probablement une question de fréquence. Mais c'est peut-être aussi à cause de cette fréquence ayant des harmoniques accordés que la tactique du « vire-vire » d'un hors-bord tournant comme un frelon autour d'un animal et de très près, est souvent couronnée de succès. Au centre du cercle infernal, le cachalot doit avoir son sonar brouillé et reste en surface, cloué là et furieux : sans doute le fait de plonger est-il lié aux informations du sonar. A sonar brouillé, plus de plongées. On ne saurait ici parler de « réflexe » car le cachalot a un psychisme suffisamment développé pour opérer un choix dans sa conduite.

Avant de bien comprendre l'efficacité de leur équipement acoustique, nous avons accusé à la légère les cachalots de manquer de solidarité. C'est faux. Quand un des leurs est en difficulté (en virazéou ou harponné), le chef décide un repli général. Mais le troupeau reste à distance de sonar, ce qui peut représenter plusieurs milles. Si l'incident se prolonge on envoie un ou des émissaires, la mère si c'est un jeune, un gros s'il s'agit d'un adulte. Dans plusieurs cas de ce genre, le troupeau a disparu à un mille dans l'est du prisonnier et a reparu à un mille dans l'ouest, trente ou quarante minutes plus tard. Pour parcourir cette distance, il leur faut moins de vingt minutes : ils sont donc sans doute restés un bon moment dans les parages à appeler leur compagnon et à lui dire qu'ils l'attendaient... juste dans la zone de bonne écoute d'un animal en surface.

Aux Bermudes

Pendant deux mois, Philippe a observé et enregistré les plus bavards et même les plus bruyants de tous les cétacés : les baleines à bosse ou humpbacks.

C'est aux Bermudes qu'il a paru le plus facile de mener cette étude, parce que les baleines y font régulièrement escale au printemps avant de gagner l'Arctique où elles passent l'été à se gaver de petits crustacés. Mais cette année-là il a fait un temps épouvantable et les conditions de travail ont été particulièrement pénibles. Le plus grand bateau que nous ayons trouvé à louer était un ancien voilier, le *Curlew,* auquel on avait enlevé son lest pour lui permettre de passer sur les hauts-fonds. Il roulait abominablement et il ne permettait pas de rester en mer plus d'un ou deux jours.

Dès le premier jour, l'équipe, très enthousiaste, a pris place à bord du *Curlew* et a traversé le lagon où la mer était plate. Une fois franchi la passe, il a fallu affronter des vagues de deux à trois mètres. Et tout de suite ce fut la première rencontre avec les baleines. Le *Curlew* accélère, soulevant des gerbes d'écume. La plupart des plongeurs sont malades — une baleine est tout près. En bonne position. A cette instant le gouvernail casse. Heureusement le *Curlew,* ancien voilier, garde le cap tout seul avec un moteur au ralenti, ce qui évite un naufrage en plein milieu des coraux.

Dans la cale, Bernard Delemotte, relayé par Philippe, s'efforce de remettre en place la poulie du gouvernail. Le capitaine, Philippe Sirot, les aide. Et le *Curlew* rafistolé peut rentrer au port.

Quelques jours plus tard, l'équipe toujours à bord du *Curlew* rencontre

La baleine à bosse est reconnaissable à ses grandes nageoires blanches.

au bord du platier*, par 20 mètres de fond, un groupe de baleines jouant, nageant, se frottant autour du bateau et émettant des sons extraordinaires : des sons modulés très audibles.

Philippe, qui était déjà tout équipé, a plongé aussitôt au milieu des baleines. L'eau était trouble. Et dans cette mer pleine de rumeurs et de formes en mouvement, tout ce qu'il était possible de voir, c'était de grandes « ailes » qui passaient, s'inclinaient, se redressaient. Les nageoires pectorales des baleines à bosse sont blanches et immenses : elles mesurent le tiers de la longueur du corps qui, lui, est noir. C'était dans la mer comme le passage de grands fantômes agitant leurs draps.

Un concert

Le temps enfin s'est amélioré. La mer s'est calmée et les enregistrements au magnétophone des « chants » des baleines sont devenus possibles.

Les baleines à bosse sont des championnes de l'acrobatie. Et pour faire ces sauts prodigieux, elles doivent atteindre 40 km/h.

C'est la nuit qu'il a fallu opérer. Les baleines à bosse sont alors beaucoup plus bavardes que dans la journée. Leurs émissions sont plus puissantes et elles se parlent de très loin.

L'équipe avait fait choix d'un canyon sous-marin au-dessus duquel le *Curlew* venait se placer et immergeait des hydrophones à 25 mètres de fond.

Certains soirs, notre ingénieur du son, Eugène Lagorio, a eu la chance fantastique d'enregistrer un véritable concert. Il y avait certainement à plus ou moins grande distance une bonne centaine de baleines qui « parlaient ». Au début de la nuit, les sons étaient dispersés, incertains, comme si des musiciens accordaient leurs instruments. Une baleine a « chanté », puis deux, puis trois. Bientôt se mulipliaient les mugissements, les miaulements, les meuglements. Certains proches, d'autres lointains. A cause de la proximité du canyon sous-marin, ces bruits se répercutaient et produisaient deux et trois effets d'écho à cinq ou six secondes d'intervalle. On aurait dit une cathédrale où les fidèles chantaient à tour de rôle les répons.

Ces enregistrements ont montré d'une manière indiscutable que les baleines communiquaient entre elles.

L'une d'entre elles qui était la plus proche du *Curlew*, lançait une série de sons, d'autres plus loin répondaient. C'était vraiment des émissions alternées qui évoquaient une conversation mystérieuse, des confidences à longue distance, intraduisibles.

Mille cris différents

Les sons émis par les baleines à bosse ne sont assimilables à aucun des cris des autres animaux. Ils ont un registre beaucoup plus étendu, une variété d'expression qui dépasse même le chant des oiseaux.

Je pense qu'on pourrait évaluer à un millier les différentes émissions sonores qu'on peut nettement reconnaître à l'oreille. Le timbre, la hauteur du son, la fréquence variaient presque à l'infini. On distinguait des trilles, des bruits de chaînes traînées par des fantômes au fond de la mer, un portail qui grince, un cri de souris très bref. Parfois montaient de véritables mugissements, comme le bramement du cerf.

Il arrivait que ces mugissements se chevauchent, mais presque toujours ils appelaient un interlocuteur. C'étaient des cris profonds et qui s'échangeaient, semble-t-il, par d'étranges canaux secrets.

Lagorio, qui travaille avec nous depuis de nombreuses années, avait trouvé la tâche de sa vie. Installé dans les ténèbres, commandant à tâtons ses hydrophones et ses magnétophones, il faisait figure de sorcier, évoquant des monstres qui au fond de la mer secouaient leurs chaînes, poussaient des beuglements lugubres. Il était en contact avec l'abîme et en faisait surgir des voix caverneuses. Jamais ingénieur du son penché sur l'eau noire n'a mené entreprise plus moderne liée à de si vieux mythes.

Certaines nuits exceptionnellement calmes, les chants des baleines à bosse composaient ce que Lagorio appelait des « chœurs ». Ces sons-là étaient émis à proximité du *Curlew* et constituaient une véritable polyphonie, un ensemble. L'élément de base était toujours le grincement de porte rouillée.

Quelques-uns de nos camarades ont pensé que les baleines à bosse pouvaient bien bavarder tout simplement pour le plaisir, par goût de faire du bruit dans la mer. Mais les oiseaux eux-mêmes ne chantent jamais tout à fait sans raison.

Il s'est présenté des cas où il a paru possible d'attribuer une signification précise au langage des baleines. Une nuit où elles parlaient beaucoup et où on les entendait parfaitement dans les hydrophones, elles ont fait surface et elles ont repéré Lagorio dans son zodiac, le casque aux oreilles, entouré de tous ses fils et de ses appareils. Elles étaient tout près de lui et elles se sont mises à faire entendre de petits cris excités comme des cris de souris. Lagorio est toujours resté persuadé qu'elles parlaient de lui. Flatteusement.

— On sentait, dit-il, qu'elles devaient discuter sur mon compte. Elles commentaient ce qu'elles voyaient. Peut-être se demandaient-elles si j'étais dangereux ou pas. S'il fallait fuir.

Et Lagorio est très fier qu'elles aient finalement décidé de rester sur place. Elles ont dû conclure que c'était un ami.

On a beau se garder de toute interprétation trop anthropomorphiste, il est difficile de réagir contre ses impressions immédiates. Quand on entend ainsi les baleines « parler » dans la nuit, il paraît évident qu'elles peuvent communiquer entre elles, qu'elles ne se livrent pas à une émission de cris sans signification, mais presque à un échange d'opinions. A force d'avoir trop approché les baleines, mes camarades et moi nous sommes peut-être dupes d'une illusion. Mais alors comment appeler ces voix alternées, si diversement modulées, s'il ne s'agit pas d'une « conversation » ? Il faut bien admettre tout de même que se succèdent des demandes et des réponses ou en tout cas que partent des avertissements qui sont peut-être salués au loin par l'équivalent de « bien reçu ».

Double page suivante :
La baleine à bosse a laissé ce plongeur s'accrocher un assez long moment à sa nageoire caudale.

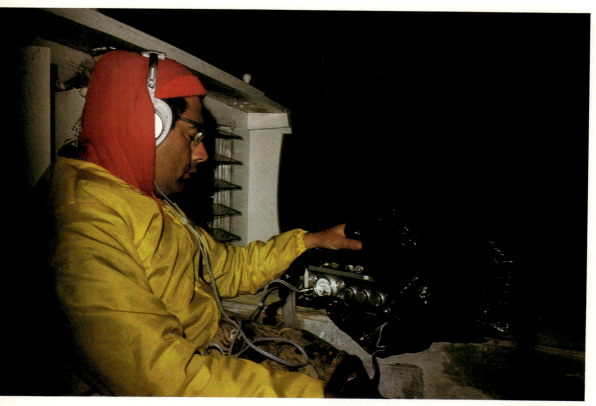

En pleine nuit, l'ingénieur du son, Eugène Lagorio, enregistre « le chant des baleines ».

Page de droite : l'équipe de la *Calypso* écoute les conversations des baleines enregistrées par Lagorio.

allaient percuter son embarcation. Mais tout à coup la fréquence des émissions s'accélérait. Les baleines avaient « senti » l'obstacle et elles s'efforçaient d'en situer et d'en préciser les contours grâce à leur système d'écho-location. Le train d'ondes d'abord espacées pouvait s'exprimer par ta ta ta ta... puis il aboutissait à une seule émission continue : trrrrr... Les animaux multipliaient les impulsions pour obtenir des indications plus précises sur ce qui se trouvait devant eux. Sans les voir, on pouvait alors les entendre se détourner et s'éloigner en reprenant le rythme régulier de leurs émissions.

Lagorio et son équipe partaient en chaland le matin avant le lever du jour parce que nos camarades avaient remarqué que c'était souvent le moment où les baleines rentraient dans le lagon. La nuit, elles circulaient au large et elles revenaient à l'aube. C'était le meilleur moment pour les écouter. Mais là encore les conditions d'enregistrement étaient difficiles.

L'hydrophone était entraîné par le courant de marée et le chaland était poussé par la brise en sens inverse. En outre le clapotis sur la coque brouillait les sons.

Pourtant Lagorio, cette fois-là, a réussi à enregistrer les émissions sonar conjuguées d'une mère et de son petit. Leurs deux « trilles » sont bien reconnaissables. Les cliquetis de la mère sont plus puissants que ceux de l'enfant. Et Lagorio a vu passer leurs deux silhouettes le long de la coque.

Les émissions sonar n'étaient pas les seuls bruits que recueillaient les hydrophones. Les baleines grises lançaient aussi de petits cris de souris comparables à ceux des baleines à bosse. Mais elles étaient moins bavardes et surtout elles avaient la voix moins forte que les humpbacks.

Silence sur commande

Sur les baleines grises, un témoignage de Philippe mérite une attention particulière.

— Dans le lagon de Matancitas, raconte-t-il, nous mettions un zodiac à l'eau et nous immergions un hydrophone. Si nous restions à l'écoute nous percevions de très nombreux bruits d'une grande diversité : les baleines étaient là tout autour de nous, invisibles, mais multipliant les émissions sonar parce qu'elles se déplaçaient dans une eau très sale.

« Nous plongions en scaphandre. Les baleines nous repéraient de très loin, elles s'enfonçaient pour passer en dessous de nous et la visibilité était si mauvaise que nous les distinguions à peine. Elles disparaissaient aussitôt dans la brume.

« Mais il y a plus curieux : à partir du moment où nous étions repérés, toutes les émissions des baleines dans le lagon semblaient s'arrêter net. On n'entendait plus que les bruits de fond, notamment celui des crustacés. Elles s'imposaient donc, sur le signal de l'une d'entre elles, une discipline générale de silence. C'était immédiat. Le fait ne peut guère être contesté parce que les bandes magnétiques sont là pour en témoigner. Sur les bandes, à partir d'un moment précis qui doit être celui de l'alerte, les baleines ne parlent plus.

« Tout naturellement, les baleines appliquaient pour nous une consigne de sécurité qu'elles ont dû mettre au point pour d'autres animaux marins dont l'ouïe est aussi fine que la leur : les orques par exemple.

Eguène Lagorio, dit Gégène, armé de l'équipement complet qui lui permet d'enregistrer les conversations des baleines.

Conversation à longue distance

On a prétendu que le cri d'une baleine à bosse, dans l'Arctique, pouvait être entendu à l'équateur ! La preuve est bien loin d'en avoir été faite. Mais il est certain que la puissance sonore des baleines est fantastique. A quelle distance portent leurs meuglements et leurs cris ? Tout dépend des espèces et peut-être des circonstances : migration, saison des amours...

Nous avons en tout cas une certitude : les baleines grises se déplaçaient en général à la vitesse de 5 à 6 nœuds. Or, nous les entendions une heure avant qu'elles soient auprès de nous et nous percevions encore leurs cris une heure après qu'elles nous avaient quittés. Et ces cris étaient loin d'être aussi forts que les meuglements des baleines à bosse.

Le Dr Payne, qui est un des grands spécialistes américains des baleines à bosse, pense qu'elles utilisent les couloirs de sons, « deep sound channel », pour communiquer entre elles à grande distance. D'ailleurs l'eau est un milieu de propagation du son beaucoup plus favorable que l'air. Elle doit donc très bien propager les émissions sonores des cétacés. Il semble d'ailleurs que les baleines à bosse choisissent le lieu et la profondeur particulièrement favorables à la diffusion de leurs cris. Il est possible aussi que ce cri soit relayé de groupe en groupe pendant tout le cours d'une migration.

Encore un mystère

Par quel organe et comment sont émis les sons qui jouent un si grand rôle dans la vie des cétacés ? Les spécialistes en discutent. Le problème est d'autant plus difficile que les cétacés si bruyants n'ont pas de cordes vocales. Ils peuvent se servir de leur larynx, des voies respiratoires, de l'évent lui-même pour émettre des bruits. Or, tous ces organes sont très compliqués.

C'est surtout sur les dauphins en captivité que le problème a été étudié. Les observateurs ont été amenés à distinguer deux espèces de sons : les « craquements » et les sifflements. Les craquements se produisent avec l'évent fermé aussi bien qu'ouvert, mais leur fréquence est différente dans l'un ou l'autre cas. Les émissions de sonar de haute fréquence semblent ne pouvoir se produire qu'avec l'évent fermé. De toutes ces observations on peut conclure que la « phonation » est le résultat de tout un complexe anatomique dont l'évent n'est qu'un des éléments.

Nous ne pouvions espérer résoudre cette énigme en observant cachalots et baleines en liberté. Je me souviens en tout cas de l'enthousiasme de Philippe lorsqu'en plongée, il a vu dans l'eau des chapelets de bulles modulées qui sortaient de l'évent d'une baleine à bosse. Cette baleine « parlait », là, juste devant lui. Peut-être même *lui* parlait-elle. Un dialogue de sourds.

Une oreille invisible

Même s'ils n'ont pas d'oreille externe bien visible, les cétacés ont un grand avantage sur les poissons : ils ont une oreille moyenne et une oreille interne. Les poissons n'ont qu'une oreille interne, aussi est-il impossible pour eux de situer l'origine du bruit qu'ils entendent.

Sur le platier qui s'étend autour de l'île principale des Bermudes, les gorgones et les coraux composent un décor qui nous est familier.

L'oreille externe des cétacés existe : elle ne fait pas saillie à l'extérieur du corps, elle est enfouie dans la peau. L'oreille moyenne et l'oreille interne présentent des particularités qui assurent sans doute une grande acuité auditive. L'oreille moyenne est en partie entourée de cavités emplies d'une substance qui ressemble à du blanc d'œuf battu en neige. Enfin, les cellules sensorielles de l'oreille interne sont particulièrement développées comme elles le sont chez les animaux qui perçoivent les ultra-sons : chauves-souris, souris et chats.

Autre particularité très importante : la grosseur exceptionnelle du nerf auditif. Dans le cerveau humain, les centres de la vision et de l'audition sont d'égale dimension. Chez les chauves-souris et les cétacés, les centres acoustiques sont plus grands que ceux de la vision. On a fait remarquer que chauves-souris et cétacés avaient tous deux abandonné le domaine terrestre, et s'étaient adaptés à des conditions de vie exceptionnelles : les chauves-souris, pour faciliter leur vie nocturne, les cétacés pour se déplacer dans un milieu aquatique à la visibilité réduite.

Les cétacés et le langage

On sait que société et langage sont liés. Le rêve serait de nous mêler à la conversation des cétacés entre eux.

Avec les animaux terrestres, la voix humaine offre une entremise : elle prévient, elle apaise, elle rassure, elle commande parfois. Que peut-elle envers les cétacés ? Nous le saurons peut-être un jour : on tente — nous avons tenté — d'entrer en communication verbale. Mais ce sont des rapports vagues, d'une intuition encore maladroite. L'animal ne s'y dérobe pas, ne s'y oppose pas. On pourrait même dire dans certains cas qu'il s'y prête. Toutes les expériences menées en bassin avec les dauphins et les orques l'ont montré. En pleine mer, des tentatives analogues avec les cachalots et les baleines ne sont pas inconcevables. Nous avons enregistré leurs voix sur des kilomètres de bande magnétique. Il est bien probable qu'on ne parviendra pas avant longtemps à déchiffrer ce langage animal, mais du moins on peut s'en servir, l'émettre et en observer les effets.

Qui sait si le mode de communication entre les cétacés et l'homme ce ne sera pas le son, la voix... comme entre les humains. Il ne suffit d'ailleurs pas d'écouter et d'émettre des sons pour se comprendre. C'est en vain que le Dr Lilly a essayé d'apprendre l'anglais à ses dauphins : ils ne parlent que le langage dauphin et c'est plutôt à nous de l'apprendre. Mais enfin une telle entreprise n'est ni absurde ni condamnée d'avance.

Un œil de myope

Baleines et cachalots ont recours à leur sonar pour se diriger. L'ouïe est le sens qui prédomine chez eux, mais la vision joue aussi un rôle dans leur système sensoriel.

L'œil de la plupart des cétacés est d'un bleu un peu opaque et cependant, comme l'attestent tous les plongeurs, il est bien vivant, lumineux. Quand on le voit de près il est très beau, d'un bleu-noir, luisant comme de l'émail.

Mais c'est un œil petit et un œil de myope, du moins chez les baleines et les cachalots ; les orques sont doués d'une excellente vue.

Cette petitesse est presque incroyable. On dirait que tout dans la baleine a grandi, sauf son œil. Il atteint 1/600 du corps chez le cachalot et la baleine bleue, tandis qu'il est de 1/70 chez l'homme et de 1/80 chez la taupe, pourtant réputée pour sa myopie.

Même dans la nage en surface, il reste immergé et c'est pourquoi il se rapproche beaucoup de l'œil du poisson.

Certains plongeurs ont prétendu qu'ils avaient discerné chez les baleines, notamment les baleines à bosse, une volonté d'épargner l'homme. Il n'est pas certain que ce comportement soit dicté par la vision. En effet, les humpbacks qui ont évité de heurter un homme, l'ont fait en soulevant leur aileron. Elles n'ont pu le faire que grâce à une sensibilité acoustique puisque l'homme était placé en avant de leur tête. Les yeux des baleines voient sur un côté et non panoramiquement. Il est probable qu'elles situaient le plongeur par écho-location.

Il ne faudrait pas en conclure que la baleine ne voit pas du tout. Sa vision est peut-être différente ou mauvaise, mais elle voit quand même. Nous avons fait des photos de l'œil à un mètre de distance. Le regard n'est pas celui d'un aveugle.

— Dans l'eau, dit Canoé, il n'est pas douteux qu'un cachalot vous regarde. On a même l'impression qu'il vous regarde parfois méchamment. C'est peut-être tout simplement parce qu'il a quelques plis sous l'œil qui lui donnent l'air mauvais.

« Chaque fois que j'ai rencontré une baleine dans l'eau, j'ai senti qu'elle me voyait. Même à travers la surface on sait qu'on est observé. C'est un regard bien différent de celui des requins. Les requins ont un regard fuyant, ils passent sans avoir l'air de vous voir. Chez la baleine, c'est plus franc, elles vous fixent et pas du coin de l'œil. »

Tel est le témoignage de Canoé qui a non seulement approché les cachalots, les humpbacks et les baleines grises, mais les a touchés, s'est accroché à leurs nageoires et s'est fait remorquer.

Michel Deloire, lui, les a filmés dans les conditions parfois les plus acrobatiques et voici ce qu'il dit :

— J'ai à plusieurs reprises croisé le regard d'une baleine. Il est incontestable que son œil, même petit, nous voit. Ce n'est bien entendu qu'une impression personnelle. C'est très subjectif.

« En ce qui concerne le cachalot, ce qui rend si étrange son aspect, c'est que derrière le mur frontal on a beaucoup de mal à trouver l'œil. Il est situé très bas et très en arrière, presque à la commissure des lèvres. En raison de cet emplacement, l'animal ne peut pas avoir une vision binoculaire. Est-ce que le champ de vision se recoupe à l'avant chez la baleine ? C'est possible. Chez le cachalot, cela me semble exclu. Il doit avoir devant lui, à cause de son front, une zone aveugle. Lorsque le plongeur était lâché avec sa caméra à vingt mètres devant le cachalot, celui-ci le voyait-il ? En réalité la rencontre n'était jamais aussi simple. Il y avait toujours un moment où on se trouvait soit à droite, soit à gauche et par conséquent dans le champ de vision d'un œil. »

Une peau très sensible

Par ordre d'importance, je crois qu'il faut mettre au troisième rang chez les cétacés le sens du toucher. Il s'agit en réalité non pas du « tact » comme chez les humains, mais d'une sensibilité particulière de toute la peau. Chez les cétacés, la peau diffère de celle des mammifères terrestres par la minceur de l'épiderme et du derme : 5 à 7 millimètres chez les plus grandes baleines. En revanche, la couche de graisse qu'elle recouvre est exceptionnellement épaisse. La minceur de cette peau doit entraîner une grande sensibilité du toucher et sans doute des sensations de plaisir difficiles à analyser pour des terriens.

Nous avons vu plusieurs fois les baleines se frotter les unes contre les autres. C'est presque toujours le prélude d'un accouplement. Les baleineaux cherchent obstinément le contact de leur mère et ils viennent se frotter volontiers contre la coque d'un bateau.

Lagorio a été témoin de la scène suivante : dans le lagon de Scammon, un petit baleineau avait quitté sa mère pour venir se frotter contre le *Polaris III*. La mère l'a rattrapé, l'a poussé loin du bateau en lui administrant des coups de nageoires qui ressemblaient beaucoup à des gifles. C'était manifestement pour lui apprendre à ne plus confondre le contact d'une coque en bois avec celui du ventre de sa mère.

Il n'est pas douteux que les cétacés aiment être caressés, comme des animaux terrestres. Dans les zoos aquatiques, dauphins, globicéphales et orques apprécient le contact de la main humaine. Aux dires de tous les dresseurs et soigneurs, la meilleure manière de les apprivoiser est de les toucher ou de... les brosser.

Notre ami Jerry Brown qui capture et apprivoise les orques s'est trouvé aux prises dans un bassin avec une femelle amoureuse qui lui témoignait ses sentiments en se frottant obstinément contre lui.

Les rorquals ont de petites bosses au bout du museau, et plusieurs espèces de baleines ont aussi sur les joues des poils très sensibles (1). Les

_____

(1) A part ces quelques poils « avertisseurs », les cétacés semblent totalement dépourvus de système pileux. Il en existe cependant sur l'embryon.

Entre deux poursuites de baleines, les plongeurs visitent les très beaux fonds coralliens.

cellules qui garnissent les différents organes donnent lieu de penser qu'ils dotent l'animal d'une sensibilité exceptionnelle, d'un autre sens lié aux variations de pression ou à la turbulence de l'eau.

En ce qui concerne les autres sens, les cétacés ne sont pas particulièrement bien pourvus.

A la base de leur langue comme sur celle de l'homme il existe des « papilles ». Ce sont les organes du goût. On peut donc penser que les baleines et cachalots sont capables d'apprécier la saveur du krill ou celle du calmar. On ne saurait jurer pourtant que les cétacés choisissent leur nourriture avec un bien grand discernement. Il est peu probable qu'ils soient gourmets car le nerf du goût qui part de la langue est fort petit et ne doit pas fournir à l'animal des sensations bien intenses.

L'odorat, qui est un sens bien développé chez les poissons, joue un rôle faible ou nul chez les mammifères marins. Il est inexistant chez les cétacés à dents et rudimentaire chez les baleines. Les cachalots n'ont pas dans leurs évents — qui sont des naseaux ou des narines — l'équivalent des cellules nerveuses qui tapissent notre nez. Les baleines pourtant conservent quelques cellules olfactives.

Eux et nous

Le peu que nous savons ne nous permet certainement pas de nous faire une idée de la vie sensorielle des cétacés. Le pourra-t-on jamais ? Du moins pouvons-nous lui prêter une grande complexité et une place exceptionnelle dans le cadre de la psychologie animale. Souvenons-nous par exemple que le cachalot possède le plus grand cerveau qui existe au monde et un organe exceptionnel et énigmatique : le « melon »*, qui renferme le spermaceti. Quelle peut être la vie affective des animaux géants, plongés dans le milieu marin, dont la vie est commandée par l'écoute sonar, les échanges de cris plus que par la vision et qui sont extrêmement sensibles au toucher ? Tout cela est bien évidemment en marge de nos facultés d'intuition et d'imagination. Il nous faut nous résigner à ne jamais « sentir » ce que sent une baleine ou un cachalot, dont les perceptions doivent être encore plus étrangères à nos sens que celles du requin ou du mérou.

Il n'a jamais été question jusqu'à présent chez les naturalistes et chez les romanciers que de ce que l'homme pense de la baleine, mais qu'est-ce que la baleine pense de l'homme ? A bord de la *Calypso,* tous les plongeurs ont leur opinion là-dessus.

— Lorsqu'on s'accroche au dos d'une baleine, dit Philippe, c'est un peu comme si on réussissait un joli tour au trapèze volant ou si on réalisait une ascension. C'est excitant. Je pense que ça ne fait rien du tout aux baleines. Elles s'en vont. Visiblement on les embête. Pour elles, nous ne sommes pas drôles. Elles ont une telle puissance qu'elles n'ont même pas à montrer leur agressivité.

Il faudrait déjà savoir quelles informations elles recueillent sur nous. Comment elles nous « imaginent », comment elles nous « dessinent » mentalement, à l'aide de leurs yeux myopes et de leur sonar perfectionné.

En pleine mer, elles viennent voir les plongeurs. Elles sont curieuses. Un vieux scaphandrier des Bermudes avec lequel nous avons beaucoup bavardé, nous a affirmé que sur un chantier sous-marin où il travaillait, une baleine venait lui rendre visite. J'y crois. Comme les dauphins, on dirait que les baleines cherchent à se rapprocher de l'homme. Elles peuvent aussi distancer tout plongeur en dix secondes, sonder à la verticale et disparaître. Aussi longtemps que nous ne serons pas équipés pour aller où elles vont et pour rester avec elles, le fossé entre elles et nous ne sera pas comblé.

La nageoire d'un calmar géant, trouvée flottant sur la mer, fait l'objet de la curiosité de tous à bord de la *Calypso*. C'est le cuistot qui la tient. Il se propose de la servir à déjeuner.

les plus grands carnassiers du globe

UNE VENTOUSE AU MENU DE LA *CALYPSO*
COMBATS DE GÉANTS DANS LES TÉNÈBRES — UN ÉMULE DE JONAS
LE KRILL — LE CAUCHEMAR DE L'ÉDENTÉE
DES BONDS VERS LE CIEL — UN GOSIER TROP ÉTROIT
TROIS ESTOMACS — LES BECS SONT INDIGESTES
UN INTESTIN VINGT-CINQ FOIS PLUS LONG QUE LE CORPS
VISITE DU GARDE-MANGER — SOUPE DE PLANCTON
DES COUCHES DE CALMARS

Nous sommes au 20 mai dans l'océan Indien. Il fait presque beau. A l'aube, Dumas déclenche l'alerte sur un souffle aperçu derrière la *Calypso*. Nous avançons et bientôt d'autres souffles, nombreux, s'élèvent sur l'horizon.

A 8 heures, du haut du portique, Dominique Sumian m'appelle :

— Commandant, quelque chose de blanc flotte à bâbord.

Nous sommes comme toujours sur le qui-vive. En pleine mer la moindre épave peut être un indice, surtout ce qu'on discerne mal, ce qu'on ne comprend pas. Il s'agit de deviner ce qui se passe sous la surface ou ce qui s'est passé. Nous nous efforçons de nous faire une âme de badauds.

Je prends des jumelles : en effet, sur la mer assez calme flotte une masse blanchâtre. Qu'est-ce que c'est ? Il faut voir.

Bébert part en zodiac et nous ramène l'objet à bout de bras : une chair lourde et flasque, à reflets bleu et argent. C'est un grand morceau de queue de calmar* géant, lacéré sur l'avant et percé de trous qui semblent bien être les traces de dents de cachalots ou de globicéphales.

Enthousiasme à bord. Nous sommes sans nul doute au voisinage d'un groupe de cachalots... une bataille vient d'avoir lieu au fond de la mer : le morceau de calmar est tout frais. Tellement frais que nous le mangerons à midi, c'est du moins ce qu'a décidé le cuisinier. La *Calypso* va faire ses délices des laissés-pour-compte d'un cachalot.

Bébert a aussi ramené une espèce de soucoupe de chair ou plutôt une assiette molle. C'est une ventouse. Le docteur François va chercher un mètre. La ventouse mesure 60 centimètres de diamètre. Evidemment, il s'agit des restes d'un « petit » calmar géant : le corps devait mesurer 2,50 à 3 mètres, plus les deux grands bras. Une belle bête quand même. Elle s'est bien battue.

Quant aux pièces à conviction de ce fait divers sous-marin, elles se révèlent assez peu comestibles pour des humains. Le morceau de queue — peut-être trop frais — cuit à l'ail, était incroyablement dur et « l'assiette molle » immangeable : un coussin de caoutchouc mousse.

Les cachalots sont de redoutables carnassiers ; leurs proies favorites sont les grands calmars qui vivent à une assez grande profondeur, entre 600 et 1 000 mètres, et dont certains peuvent dépasser 12 mètres de long.

A vrai dire, poulpes ou calmars, pour le cachalot, tout fait ventre ; c'est un animal qui n'est pas difficile sur le choix de la nourriture. Les baleiniers prétendent qu'il avale de gros crustacés, des phoques, des raies et même des squales de 3,50 mètres de long ! Ce qui est certain c'est qu'il a une préférence pour les céphalopodes*. On peut en conclure que le cachalot, capable de rester près de deux heures sans revenir respirer à la surface, nage en pleine eau et parfois au ras du fond plusieurs milles à la recherche de tout ce qui peut être comestible. Pour cette chasse dans les ténèbres marines son radar naturel doit lui rendre des services inappréciables.

Le calmar monstrueux des grands fonds, le fantastique « kraken », ne relève pas de la légende. Il existe bel et bien, mais il est mal connu parce qu'il échappe à la capture et ne vient que rarement en surface, en général la nuit. Tel est le cas de l'*Architeuthis* (1), le plus grand de ces géants. On ne le connaît que par des exemplaires qu'on a trouvés (non encore digérés) dans l'estomac des cachalots.

On a sorti de l'estomac d'un cachalot tué aux Açores, un calmar intact et entier, avec ses tentacules. Il mesurait 10,50 mètres de long et pesait 184 kilos. Le cachalot mesurait un peu plus de 14 mètres.

Le calmar n'est sans doute pas pour le cachalot un adversaire facile : il a un système nerveux bien développé, des yeux excellents, des glandes

(1) Voir au glossaire : Céphalopode.

salivaires qui secrètent un poison. On pense que la tactique du cachalot consiste à le surprendre et à l'avaler sans lui laisser même le temps de combattre. Evidemment il ne réussit pas toujours son coup.

Le calmar ne se laisse pas forcément engloutir en une bouchée sans faire de résistance. La lutte entre ces deux géants aux armes très différentes doit être prodigieuse. Le calmar lance ses tentacules sur les yeux, sur les évents du cachalot, il le lacère à coups de bec. Le cétacé, à bout de souffle, tente de faire surface en hissant sur sa tête cet énorme poids de chair. On imagine qu'à grands coups de mâchoires il cisaille le corps mou du calmar dont les morceaux viennent flotter sur la mer et dont les parties vitales sont bien difficiles à atteindre.

On rêve à ces combats dans les ténèbres des grands fonds. Chaque adversaire doit déployer autant de ruse que de force, car l'un et l'autre sont magnifiquement, bien que très différemment, armés et il est probable que leurs intelligences — différentes aussi — sont comparables.

Au cerveau du cétacé, à sa terrible mâchoire, s'opposent les ventouses du calmar, les tentacules, le bec. Grâce à leurs centres nerveux et à leurs organes sensoriels très développés, les céphalopodes sont capables de se mouvoir avec une précision et une rapidité qui égalent celles des vertébrés. Et leur psychisme est élevé. Redoutables adversaires.

Le collectionneur de dents

Les plongeurs de la *Calypso,* lorsqu'ils ont rencontré des cachalots en pleine mer, ont toujours été impressionnés par leur tête énorme, carrée, où l'œil est rejeté très en arrière. La bouche n'est pas moins bizarrement placée. Elle est loin du museau rond et on peut la dire « ventrale ». La mandibule est étroite et mince. C'est elle qui porte toutes les dents — une quarantaine en deux rangées parallèles. Certaines pèsent plus d'un kilo et mesurent 20 centimètres de long, ce qui, étant donné la taille du cachalot, est plutôt petit. Ces dents s'encastrent dans la mâchoire supérieure, où il existe de petites dents atrophiées.

Ces quelque soixante dents — on est bien loin des deux cents de certains dauphins — sont toutes du même modèle : il n'y a ni incisive, ni molaire. Elles sont uniquement préhensiles. Car cet animal, en apparence si bien armé et qui est carnassier, n'a pas la denture d'un carnivore : il ne broie pas, ne mâche pas sa nourriture. A proprement parler il ne mord pas. Il avale tout rond, en une bouchée.

A bord de la *Calypso,* chacun s'est plus ou moins spécialisé dans un secteur de l'activité marine. Très souvent, les préférences n'ont rien à voir avec la tâche assumée à bord. Un électricien comme Marcellin se passionne pour les coraux. L'ingénieur Laban peint en plongée les paysages sous-marins. Le plongeur Delemotte, lui, s'est découvert une vocation de collectionneur de dents : dents de morses ramassées sur les îles désertes du Pacifique, dents d'orques ramenées de l'Alaska. Il y a ajouté des dents de cachalots recueillies aux Maldives. C'est ma foi une collection très instructive et même jolie. Rien n'est agréable à regarder comme ces beaux morceaux d'ivoire poli, lorsqu'ils ne nous menacent pas et qu'ils sont séparés d'une redoutable mâchoire.

Mais qu'en penserait Jonas ? Son histoire n'est qu'en partie fausse. Il est arrivé, paraît-il, qu'un homme tombé à la mer soit avalé par un cachalot. Il n'a pas été broyé ni déchiqueté. Mais il n'en est pas ressorti vivant : il avait la poitrine enfoncée. Lorsque le cachalot a été dépecé, les sucs gastriques avaient commencé à digérer la victime dont la puanteur, on le conçoit, était extrême. Cet accident a été raconté dans le *National History Magazine* de 1947 par le docteur Egerton Y. Davis, de Boston, qui a fait l'autopsie de l'homme et de l'animal.

Il s'est trouvé quelqu'un pour jouer les Jonas et essayer d'entrer dans un cachalot... mort, de 20 mètres de long. Il y est entré par les pieds, mais la gorge était si étroite qu'il a eu beaucoup de peine à s'y glisser. Selon lui un homme serait mort avant d'arriver dans l'estomac. Quant à y rester trois jours comme Jonas, il ne faut pas y compter !

Les fanons

Tous les cétacés sont carnivores et consomment une masse énorme de chair vivante. Sur terre, ils seraient dans l'incapacité de nourrir un si grand corps. Il n'a jamais — même aux hautes époques géologiques — existé de carnivores de leur taille. Leur consommation est effrayante et il faut pour l'assurer toute la richesse vivante des mers.

Pour se nourrir, une baleine, sans s'arrêter de nager, ouvre une gueule démesurée : la mâchoire inférieure s'abaisse puis le jabot, plissé comme un accordéon, et long comme la moitié du corps de la baleine, se gonfle, de telle sorte que plusieurs tonnes d'eau, avec tout ce qu'elles contiennent, viennent le distendre. La gueule enfourne tout, comme un chalut, puis elle se referme. Les fanons, fixés à la lèvre supérieure, forment une sorte de grille ; le jabot se contracte, l'eau est rejetée à travers ce formidable filtre,

La forme massive du cachalot vu en plongée. On distingue l'œil, près de la bouche.

et la baleine avale tout ce qui s'y trouvait en suspension, crustacés, méduses ou petits poissons. L'eau est donc filtrée à la sortie...

Voir « pêcher » un rorqual ou tout au moins voir s'ouvrir dans l'eau son énorme gueule est un des spectacles les plus stupéfiants auxquels il soit donné à un plongeur d'assister.

Notre plus beau rorqual dans l'océan Indien et qui a permis à Bonnici de s'accrocher à sa dorsale avait une tête longue, assez effilée. Les deux mâchoires bien closes laissaient voir les lèvres jointes, un museau allongé, presque plat. Mais une fois, une seule, ce piège s'est ouvert, laissant voir un peu en retrait la grille des fanons, blancs et noirs, disposés en cercle, fantastiques comme un masque, étranges comme une caricature d'animal bâillonné. Ce fut bref. La tabatière se referma sans secousse et sans remous, sur rien, sur le vide. Ce fut comme un soupir silencieux. La tête redevint plate, close sur son secret. Qu'avait-il senti, vu, désiré, qu'il fût déçu de ne pas engouffrer ? Etait-ce un bâillement ? Une marque d'agacement provoquée par les acrobaties de Bonnici ? Peu importe. Nous avions vu et photographié les fanons.

C'est un attribut bien bizarre que ces fanons des mysticètes (c'est-à-dire des seules vraies baleines), ils peuvent mesurer jusqu'à 3 mètres de long et s'apparentent plus à des ongles qu'à des dents. Comment la nature en est-elle venue à doter des animaux d'un appareil si étrange et si bien adapté à sa fonction ? On en faisait autrefois les « baleines » de corset et de parapluie. Ce sont des lames cornées, résistantes et souples, implantées dans la mâchoire supérieure. Ces lames sont bordées de franges qui sont plus ou moins fournies, selon le genre de crustacés plus ou moins petits dont se nourrit la baleine.

Car les baleines sont équipées différemment selon ce qu'elles mangent. Ainsi le rorqual qui se nourrit de très petits crustacés dispose d'un filtre aussi fin que de la laine. La baleine bleue mange des crustacés plus gros et même des petits poissons, aussi ses fanons sont-ils plus espacés.

Mais les exigences alimentaires des cétacés étant énormes, il leur faut ingurgiter chaque jour des tonnes de matière vivante.

Encore faut-il les trouver. C'est aux plus hautes latitudes, dans l'Arctique et l'Antarctique, que les baleines cherchent leur pâture en été, au moment où les longues journées polaires provoquent par leur lumière un développement du phytoplancton* qui entraîne la production du zooplancton*.

A la belle saison, les baleines se gavent vingt-quatre heures sur vingt-quatre au voisinage des régions polaires. Elles font leur lard. Elles en auront besoin pour assurer leur migration, au cours de laquelle elles ne mangeront guère. Cette couche sous-cutanée constitue une réserve alimentaire mais aussi une isolation thermique indispensable pour des animaux à sang chaud.

Les baleines sont si bien isolées du milieu que leur corps reste chaud de vingt-quatre à trente-six heures après leur mort.

La réserve de lard joue encore un autre rôle : elle est constituée de tissus plus légers que l'eau et qui neutralisent ainsi la lourdeur du corps. Avec l'air des poumons la flottabilité est assurée.

Un jeune rorqual en pleine croissance mange 3,5 tonnes de plancton par jour ; un rorqual adulte avale 1 tonne à 1,5 tonne, ce qui suppose qu'il ingurgite dans la journée environ un million de mètres cubes d'eau de mer et qu'il la filtre.

Une orgie de krill

L'aliment de base des baleines, c'est le krill, *Euphausia superba,* un crustacé qui ne dépasse jamais 5 ou 6 centimètres de long et dont l'abondance la plus grande se situe entre 10 et 100 mètres de la surface, bien qu'on en trouve jusqu'à 1 000 mètres de fond.

A la surface de l'Arctique et de l'Antarctique, le krill peut former à la belle saison, de véritables nuages et s'étendre sur des centaines de kilomètres, ce qui donne à la mer une coloration brun-rouge due à la carotène, riche en vitamine A. Les baleines s'offrent là des festins à grandes goulées.

Il arrive que l'animal se roule littéralement dans un bain vivant. Il n'a qu'à ouvrir la gueule pour se nourrir.

Le menu n'est pas limité à ce plat unique ; outre les divers éléments du plancton accompagnant le krill, des baleines absorbent parfois des poissons et même des pingouins... peut-être au hasard d'un bâillement.

Dans l'estomac des humpbacks, nos baleines à bosse, des naturalistes ont trouvé des harengs, des maquereaux, des merlans, des seiches et même un cormoran.

« Bien qu'il y ait au moins huit espèces de cétacés à fanons, dit Ted Walker, chacune semble se nourrir d'une espèce différente de crustacé qui se trouve rarement dans les mêmes régions océaniques. Ainsi les espèces ne se font pas concurrence dans la recherche de la nourriture. »

Le cauchemar de l'édentée

Notre amie la baleine grise, elle, est très éclectique. Sur les côtes de Sibérie, elle consomme, l'été, des crustacés qui vivent sur le fond : des amphipodes*. L'hiver, dans les lagons de la Basse-Californie, où nous l'avons observée, elle absorbe des coquillages, des clams*.

Un cachalot de face, tel que le voient venir à eux cinéastes et photographes.

Philippe en plongée a bien vu, dans le lagon de Matancitas, comment les baleines « pêchaient » leurs mollusques préférés. C'est surtout à marée basse qu'elles font leur marché ; lorsque la mer est étale, elles dorment.

A marée descendante, ou montante, on peut les voir se grouper et avancer de front contre le courant. Pour gratter le fond qui n'est guère à plus de 15 mètres, souvent beaucoup moins, elles s'inclinent sur le côté à 90° et elles piquent vers la vase où elles creusent des sillons avec leurs corps tout en avalant du sable, de l'eau et des coquillages. Puis elles se dressent, la tête droite au-dessus de la surface, elles filtrent le liquide contre leurs fanons à grands coups de langue qui ressemblent à des coups de piston. Le sable est entraîné avec l'eau et les coquillages descendent dans leur gorge en partie par gravité, car il faut tenir compte aussi de l'action des muscles œsophagiques.

Bonds prodigieux

Il y a quelques risques à côtoyer de trop près une baleine lorsqu'elle est occupée à pêcher les clams. Delemotte, Philippe et Chauvelin l'ont appris à leurs dépens. Ils se sont avancés en zodiac à l'aviron, juste au-dessus d'une baleine très occupée à remuer le fond. Elle s'est dressée brusquement et, peut-être sans le vouloir, a fait chavirer le zodiac, précipitant les trois amis à l'eau. Tous trois sont barbus.

Barbes et cheveux dégoulinaient d'eau de mer. Car à bord de la *Calypso,* la mode sévit. Il y a eu l'époque des crânes rasés, des moustaches, de belles bacchantes très 1900. Nous en sommes à la barbe à tous crins et aux cheveux longs.

Isolés sur leur bateau parfois pendant plusieurs mois, les hommes de la *Calypso* ont bien le droit de soigner leur apparence et de se distinguer par des signes plus ou moins pittoresques. La plus grande liberté règne à bord. D'autant que les seuls juges de ces apports capillaires sont les phoques, les cormorans ou les baleines.

La barbe de Bernard Delemotte sur laquelle repose une pipe courbe est d'un beau blond presque roux. Celle de Philippe est brune et annelée. Certains plongeurs cultivent la royale Louis XIII, d'autres la barbe courte et carrée du modèle Tartarin. Il y a même des favoris à la François-Joseph. J'ai parfois un instant de surprise lorsque je vois sortir ces attributs capillaires du casque du scaphandre caréné. Seul, Laban reste obstinément fidèle à sa fausse calvitie : le crâne rasé tous les jours.

On s'est longtemps demandé pourquoi les baleines grises sortaient de l'eau comme si elles voulaient inspecter les environs. Elles peuvent se tenir verticales pendant une minute. On a appelé cette attitude le spy-hopping, l'espionnage. Les baleiniers croyaient qu'elles les regardaient. Il est probable qu'elles mangent, tout simplement. Bien que la baleine grise puisse avaler en position horizontale, la position verticale lui permet de nettoyer les débris pris dans les filtres et de réaliser une ingestion rapide de la nourriture assimilable à travers sa gorge.

« *19 février,* dans le lagon de Scammon. Le ciel est bien dégagé, l'eau un peu plus claire. Le beau temps semble mettre les baleines de bonne humeur. Et elles se livrent aujourd'hui à des acrobaties en série. Elles sautent en l'air un peu de tous les côtés. Est-ce la même qui saute ainsi à plusieurs reprises ou bien sont-elles toutes prises de frénésie printanière ?

Notre cinéaste Jacques Renoir s'installe sur la plage et il réussit à filmer en continuité une baleine qui bondit totalement hors de l'eau deux fois de suite. Jamais encore nous n'avions réussi cette prise de vues. »

Quand elles sautent ainsi, il est bien probable qu'elles prennent appui sur le fond de la mer avec leur caudale. Mais cet appui ne leur est pas indispensable. On a vu des mégaptères bondir hors de l'eau alors que sous eux, le fond atteignait plus de 80 mètres ; cela se passait au large des côtes du Gabon, où il est certain que les baleines ne se nourrissent pas pendant tout le temps qu'elles passent le long de ces rivages d'Afrique. Le « spy-hopping » n'est donc pas forcément lié à l'alimentation des baleines.

On ne peut se faire une idée du spectacle ahurissant que donne une baleine bondissant sur le ciel et retombant sur le dos de tout son énorme poids dans une gerbe d'eau et avec un bruit terrible de claque. Cette gymnastique nous émerveille et nous intrigue. Les plongeurs harcèlent Ted Walker de questions : s'agit-il d'une activité de jeu ? d'une excitation amoureuse ?

Ted, tirant sur sa barbe grise, répond « peut-être... peut-être ». Mais pour lui, la meilleure explication tient aux difficultés de la digestion chez les baleines. Elles se livreraient à ces cabrioles surtout pour faire descendre la nourriture. Il s'agirait d'ingurgiter les coquilles des mollusques que, faute de dents, elles ne peuvent pas broyer. Les baleines ont un petit gosier ridicule pour un si grand corps et « ça ne passe pas toujours ».

Trois estomacs

En fait, aucun cétacé ne mâche. Les cachalots parce qu'ils n'ont pas de molaires et les baleines pas de dents du tout.

La tête d'une baleine grise émerge dans le lagon de Matancitas.

Puisque les cétacés ne mâchent pas ce qu'ils avalent, il leur faut un estomac solide. En fait, beaucoup ont trois poches gastriques.

Le pré-estomac de la baleine ne produit pas de suc digestif, pas d'enzymes « gloutonnes ». C'est une espèce de broyeur mécanique dont la paroi musculaire est très épaisse. Elle dépasse 7 centimètres chez les baleinoptères. La poche contient aussi du sable et des petites pierres qui contribuent à écraser la nourriture.

L'avant-estomac et l'estomac sont des sacs volumineux : ils peuvent

Les baleines grises semblent se dresser au-dessus de l'eau pour surveiller les alentours. C'est le « spy-hopping ».

contenir plus d'une tonne de krill, environ un mètre cube. Le contenu de l'estomac d'un rorqual de 26 mètres a été inventorié : il comprenait 5 millions de crevettes pour un poids total de 2 tonnes.

Les cachalots n'ont que deux estomacs. Ils ne font qu'une bouchée des calmars, mais c'est une chair molle qu'il est inutile de broyer. Un seul élément dur et peu comestible : le bec.

L'expérience que nous a fait faire notre cuisinier à bord de la *Calypso* en nous servant un morceau de calmar a constitué une utile leçon de choses.

Il ne s'agissait pas de mâcher comme nous tentions de le faire, mais d'avaler. Ensuite, nous n'avions pas besoin pour digérer cette chair caoutchouteuse de trois estomacs, mais seulement de deux, comme les cachalots.

Si nous avions pu avaler le bec du calmar, nous aurions peut-être sécrété de l'ambre gris. En effet, c'est dans l'intestin des cachalots que l'on trouve cette matière précieuse. On ne sait pas très bien comment se forme cette concrétion qui provient sans doute de tous les becs de calmar ingurgités. Le plus gros bloc d'ambre gris découvert dans un estomac de cachalot pesait 480 kilos, une fortune.

Les cachalots, dont la chair est médiocre et la graisse inférieure à celle des baleines, auraient probablement été moins sévèrement chassés si les baleiniers n'avaient eu l'espoir de trouver dans leur intestin ce trésor qui n'a rien à voir avec l'ambre et qui était autrefois employé en médecine. Il l'est aujourd'hui en parfumerie pour fixer les essences. Il est vrai aussi que les cachalots ont toujours offert une richesse supplémentaire, le spermaceti, une cire très pure.

Quant à l'intestin des cétacés, il est proportionnellement beaucoup plus long que celui de l'homme ou des carnivores terrestres. Un intestin humain a cinq ou six fois la longueur du corps. Celui d'un cachalot est immense, puisqu'il fait vingt-quatre fois sa longueur (1). Chez un cachalot de 17 mètres, l'intestin mesure 366 mètres. Celui d'un dauphin est moins développé : il n'atteint que douze fois la longueur du corps.

Visiter le garde-manger

Quelle que soit notre familiarité avec les baleines — et aucune équipe n'en a approché autant que nous sous toutes les mers du monde — notre émerveillement à leur égard reste toujours aussi grand. Emerveillement pour leur taille, leur force, leur bienveillance et aussi leur appétit.

Seules ces géantes sont à la mesure de l'immensité des océans. Mais les ressources alimentaires des océans sont-elles à leur mesure ? Doivent-elles mener une lutte difficile pour se nourrir ou bien rencontrent-elles aisément ces tonnes de matière vivante indispensables à leur vie de chaque jour ?

Les baleines trouvent en hiver la table mise dans l'Arctique et l'Antarctique et lorsqu'elles partent faire l'amour sous les tropiques, elles

(1) D'après Sarah R. Riedman et Elton T. Gustafson, « Home is the sea for whales ».

ne mangent plus ou guère, bien que nous ayons vu les baleines grises et les baleines à bosse ne pas dédaigner mollusques et crustacés.

Mais les cachalots mangeurs de calmars, où et quand chassent-ils ? Leur habitat principal se situe entre 40° nord et 40° sud. C'est la limite extrême de leurs migrations. Il ne leur suffit pas, comme aux baleines, d'ouvrir leur large gueule pour enfourner d'un coup 5 millions de crustacés minuscules. Il leur faut attaquer leurs proies une par une et parfois se battre. Ce ne sont pas seulement des carnivores, mais des carnassiers.

Deux questions se posent : la mer leur offre-t-elle suffisamment de victimes ? Les trouvent-ils dans les lieux privilégiés qu'ils connaissent ?

J'ai cru observer dans la mer Rouge et dans l'océan Indien que les cachalots se déplaçaient en utilisant leur système sonar dirigé vers le fond, évidemment à la recherche d'une proie. Il devait en être de même pour d'autres cétacés : dauphins, orques, globicéphales. La *Calypso* aussi dispose d'un sonar. Nous pouvions donc détecter également en profondeur la couche la plus riche en matière vivante.

Mon ambition était non seulement de repérer le garde-manger des animaux marins mais de le visiter et si possible d'en faire l'inventaire.

Soupe de plancton

Au cours de notre croisière dans l'océan Indien, j'avais pu remarquer qu'il existait à peu près à la hauteur de l'équateur de véritables points de rassemblement où l'on était sûr de trouver à la fois orques, cachalots, globicéphales, dauphins, requins. J'ai pensé qu'ils se concentraient dans ces endroits précis parce qu'ils y trouvaient des ressources alimentaires exceptionnelles.

Pour une visite au garde-manger nous disposions à bord de la *Calypso* de la soucoupe plongeante* SP 350. L'idée était de dresser un tableau de la densité de vie aux différents étages de la mer.

Et voici ce que j'ai noté dans mon journal.

8 avril. Première journée de haute mer après les Maldives.

Afin de ne rien négliger, je fais vérifier matin et soir la caméra automatique du faux-nez. Elle enregistre tous les êtres vivants passant à portée de l'étrave de la *Calypso*. Elle sera en marche tous les matins à 6 heures 30.

Dimanche 9 avril. Même dispositif. Même programme. Nous faisons route pratiquement le long de l'équateur. Ma prétention de dresser un inventaire des ressources biologiques locales me semble maintenant presque

Dans le lagon de Matancitas, une baleine grise accompagnée de son baleineau.

insensée. La tâche est énorme. Et cette mer paraît vide. C'est que nous ne savons pas ce qui se passe à 50, à 100 mètres, à 1 000 mètres. C'est toujours mon vieux rêve de voir au-delà de la surface : tout ce que les terriens n'ont pas encore réussi à apercevoir et à connaître...

Après le dîner, première plongée de la soucoupe au grand large et en pleine eau. Nous en avons souvent parlé, mais nous ne l'avons jamais fait. On l'immerge et la *Calypso* la remet au chaland, au bout d'un nylon de 350 mètres que Maurice laisse filer sur demande. C'est Bébert qui pilote.

A bord du *Polaris III, au centre* Philippe Cousteau, *à droite* l'ingénieur du son Eugène Lagorio.

A bord, je reste en communication avec la soucoupe par sonar et avec le chaland par walkie-talkie. Thème de la manœuvre : la soucoupe descend jusqu'à 300 mètres et remonte, le nylon ne sert qu'à ne pas la perdre.

J'ai toujours l'impression de m'être engagé dans une recherche absurde. A priori nous ne devrions rien voir. L'océan est immense, et par le faux-nez, il est bien rare qu'on aperçoive quelque chose. Une descente comme celle de la soucoupe, c'est une piqûre d'épingle, à moins que... à moins que les couches profondes soient plus riches que nous ne pensons.

Et puis, la nuit, les grandes migrations verticales font remonter bien des choses vers la surface. Tous ces cachalots bien gras ne vivent pas d'eau claire et d'amour...

Je mets le sondeur sur 12 KC et note deux DSL*, deux couches sonores à 100 brasses et à 150 brasses. Sur 34 KC, il n'y en a plus qu'une, à 150 brasses. On verra bien.

Voici ce que donne l'opération appelée S 14 :

25 mètres : soupe de plancton, rendant l'eau trouble. Petits poissons argentés des grandes profondeurs. Petites crevettes et petits crustacés.

50 mètres : soupe de plancton encore plus trouble. Deux petits calmars viennent rendre visite à Bébert. On aperçoit des poissons à organes lumineux, mais on les distingue mal à cause de l'eau trouble.

100 mètres : toujours la soupe. Un requin de 2 mètres tourne autour de la soucoupe et cogne dedans.

150 mètres : l'eau s'éclaircit. Moins de vie.

170 mètres : crevettes à longues antennes.

270 mètres : rien. Eau claire.

350 mètres : largué une gueuse. Remonté lentement.

230 mètres : un très gros céphalopode, immobile, à dix mètres de distance, fixe la soucoupe de son œil énorme. C'est du gibier pour cachalot. Il ne bouge pas. Rien ne paraît l'émouvoir. Rêve-t-il ? Dort-il ? Un cachalot pourrait le prendre par surprise et l'avalerait tout rond.

205 mètres : largué la deuxième gueuse. A la remontée en surface, la soucoupe est accompagnée par deux requins.

Ainsi cette navette verticale d'une durée d'une heure, au hasard, a tout de même aidé à préciser certains points :

— la DSL, remontée la nuit à la surface, c'est bien du brouillard de plancton, de crustacés et de petits poissons des profondeurs ; l'ensemble descendant et remontant à des vitesses de 6 à 12 centimètres à la seconde.

— l'eau est plus trouble, plus chargée de petites vies, à 50 mètres qu'à 25, ce qui confirme les résultats de notre opération « lumen »* en Méditerranée.

— gros animaux : trois requins, deux calmars d'une livre et un énorme céphalopode qui n'est pas un calmar ni un poulpe. Son gros œil est peut-être lumineux. Donc des plongées au large sont fructueuses, il faudra recommencer. Malheureusement, la soucoupe ne descend pas assez bas : les plongées seront encore plus instructives avec la SP 500 et la SP 3 000.

— la DSL profonde, vers 150 brasses (270 mètres) semble s'évanouir à l'approche de la soucoupe : j'avais noté le même phénomène en océan Indien en 1954 avec les premières caméras automatiques à flash Edgerton* que l'on voyait dissiper la DSL devant elles sur le graphique du sondeur. Peut-être notre gros céphalopode fait-il partie de cette couche mobile et à phototropisme* négatif.

Des couches de calmars

11 avril. Réveil à 4 heures du matin de toute l'équipe Pont et Soucoupe. A 5 heures, mise à l'eau de la SP 350 bien avant que l'aube blanchisse, pour une plongée baptisée S 15.

Interprétation provisoire : la plongée S 14 a été faite un peu trop tard : les couches achevaient sans doute de se déplacer. Par contre, la plongée S 15 est très caractéristique : une couche à 40 mètres, une autre à 130 mètres qui s'est déjà enfoncée, et la soucoupe rattrape la troisième couche à 265 mètres, composée des champions de vitesse : des crevettes et des siphonophores* nageant à pleine vitesse vers le bas...

Sur le plan scientifique, il faudrait faire des centaines de plongées de ce type ; et je recueillerais soigneusement tous les renseignements comme sous-produits pour l'étude des DSL. Mais nous sommes ici pour faire du cinéma, et à ce point de vue, les plongées au début de la nuit, disons une heure après la nuit noire, semblent celles où le maximum d'animaux étranges est remonté à portée de soucoupe.

Deux points à améliorer : il faut remorquer la soucoupe lentement pendant sa descente et sa remontée, afin de lui faire voir du pays. Ensuite, la nature des sujets à filmer impose une sérieuse modification des éclairages ! On va s'y atteler.

Après dîner, nouvelle plongée en soucoupe, mais cette fois le nylon est filé non pas du chaland mais de la *Calypso*. Pour que le nylon ne fasse pas trop voilure dans le courant équatorial, on alourdit la soucoupe en doublant les gueuses de descente et de remontée, et on l'amarre par le pare-chocs avant, afin qu'elle avance de face.

Mise à l'eau à 21 heures 35. Deux heures environ après le coucher du soleil, profondeur maxima 290 mètres à 22 heures 25. Sortie vers 23 heures 15.

La plongée en elle-même est très intéressante mais décevante pour le cinéma. Je rêve en pensant à la correspondance des zones de vie et des couches diffusantes profondes, ce qui dépasse ce que l'on peut imaginer. Partout une ou deux couches de calmars... le plus souvent des requins. Et pourtant, la soucoupe descend au hasard et ne voit que dans une zone

Un plongeur réussit à approcher une baleine grise.

Mise à l'eau de la soucoupe plongeante SP 350 dans l'Océan Indien pour étudier les ressources alimentaires à différentes profondeurs.

Canoé et le commandant Cousteau se réjouissent du travail accompli dans la journée.

bien réduite... Ces dizaines de milliards de calmars, c'est probablement la manne des gros poissons, des dauphins, des cétacés... Toute cette viande qui descend des prairies d'algues microscopiques (la couche supérieure), cela ne peut se faire que si le rendement en poids d'un échelon à l'autre de la chaîne nutritive est bien meilleur sous l'eau que sur terre.

Et ce doit être le cas parce que presque tous les animaux sont à sang froid, donc n'ont pas à dépenser de calories pour maintenir leur température centrale (par opposition à l'homme, au bœuf ou au dauphin) ; la pesanteur n'existe pas, donc pas de calories à dépenser, comme nous, juste pour se tenir debout. Les calories ne sont utilisées que pour bouger (mais le corps est bien profilé en général) et pour *grandir*.

Est-ce une illusion ? Ces descentes en soucoupe dont les résultats ont été inespérés m'ont apporté une vue nouvelle, une vue plus générale de la vie dans les mers. Elle m'apparaît plus logique, plus liée parce que nous avons vu et photographié le grand céphalopode, les bancs de calmars dont se nourrissent les cachalots et qui justifient leur présence ici. C'est un peu comme si on nous avait donné la clef du garde-manger que je cherche depuis longtemps.

taient en zodiac, le plus souvent à l'aviron pour éviter les pétarades du moteur.

Les baleines somnolent dans la moiteur du lagon et seul leur dos affleure. On ne voit ni la tête ni la queue, mais lentement, de temps à autre, elles font surface pour respirer, tout en continuant sans doute à dormir à demi.

Elles ne sont pas vraiment grises, mais noires. Les jeunes en tout cas sont très foncées. Ce qui les rend grises ce sont les cicatrices laissées par les bernacles ou les lamproies. Ceux qui, par la suite, ont réussi à monter sur leur dos se sont bien rendu compte que les parasites ne restaient pas fixés en permanence sur la baleine. Leur peau était lisse, presque douce, mais marquée par les grandes taches grises des cicatrices. Un gris marbré, particulièrement clair chez les vieilles baleines, parce que ce sont celles dont la peau a le plus souffert.

Lorsqu'on s'approche très doucement d'une baleine endormie, l'impression est extraordinaire. On ressent cette présence écrasante, obsédante. De temps à autre on entend son souffle et on est même aspergé. On frôle une vie démesurée, énigmatique, incarnée dans ce cylindre noir très fermé. Il faut imaginer cette masse infiniment plus grosse que celle du plus gros éléphant et qui bouge très lentement dans l'eau plate, dans l'eau grise, métallique, du lagon. Là-dessus la lumière très fine, voilée de la Basse-Californie, un ciel souvent plombé et au pied des dunes, des trous d'eau sans profondeur, couleur d'étain.

Avion et parachute

Au bout de plusieurs jours, le tournage que l'équipe avait pu réaliser était encore dérisoire. Malgré toutes les précautions prises, il était difficile de repérer de loin les baleines. Le lagon, bien que moins grand que celui de Scammon, se révélait encore trop étendu pour être parcouru en zodiac à l'aviron. Les plongeurs tentèrent bien de partir du rivage pour rejoindre les baleines à la nage. Ils n'y réussirent jamais.

C'est alors que Philippe décida de survoler le lagon en avion afin de repérer les animaux et de guider les zodiacs.

A bord d'un Cherokee de 300 CV il entreprit une prospection systématique dans l'espoir de voir les baleines en train de s'accoupler ou d'accoucher. Il put aussi, longeant la baie plusieurs fois par jour, tenir un compte approximatif du nombre des baleines qui entraient ou sortaient du lagon, surveiller la passe, prendre une vue d'ensemble de la vie quotidienne de tout ce monde animal gigantesque et paisiblement affairé qui échappait complètement aux observateurs en zodiac.

Le Cherokee comportait en outre une porte à l'arrière où un cameraman pouvait s'installer bien sanglé, les pieds en dehors, pour filmer les scènes intéressantes.

Mais l'avion avait l'inconvénient de faire beaucoup de bruit. Il permettait de repérer et de surprendre les baleines, mais le fracas du moteur les affolait.

Philippe fit un essai malheureux de parachute ascensionnel qui faillit se terminer tragiquement. Le câble de traction ayant cassé, il reçut la boucle dans la figure et fut repêché inconscient. D'ailleurs le parachute ascensionnel était inutilisable à cet endroit car il faut décoller et atterrir face au vent. Or le lagon de Matancitas, qui est étroit et long, se trouve à 90° du vent dominant.

Un engin idéal

Finalement nous avons eu recours au ballon à air chaud que Philippe avait déjà utilisé avec succès en mer Rouge et dans l'océan Indien, à l'île d'Europa (1). C'est tout simplement l'antique montgolfière chauffée par un brûleur à mazout.

L'engin n'est pas d'un maniement facile en raison de sa grande inertie thermique. La montée ou la descente s'accélère très vite et il faut beaucoup d'intuition et de doigté pour le stabiliser à la hauteur voulue. Il exige aussi une atmosphère extrêmement calme.

Philippe a profité d'un jour où il faisait très beau pour décoller en ballon avec les caméras. Sa femme Jan avait voulu l'accompagner.

— J'ai encore dans les yeux l'ombre du ballon sur le lagon, raconte Philippe. Le calme dans l'air était merveilleux. Je voyais les baleines qui faisaient surface. Du haut du ciel je pouvais distinguer dans l'eau des raies, des requins de sable posés sur le fond. En zodiac il aurait été impossible de les voir. C'était absolument magnifique. Les vues que j'ai prises à ces moments-là n'auraient pas pu être prises d'un avion qui va trop vite et qui surtout déplace son propre bruit : en quelques instants il sème la panique sur toute une région. Sans doute, au départ, le ballon, lui aussi, fait du

(1) Voir « la Vie et la mort des coraux ». Mais celui-ci était deux fois plus gros.

L'équipe n'a pas voulu troubler le rorqual immobile dans la paix du soir.

bruit. La flamme qui chauffe l'air et qui a près d'un mètre de long ronfle comme un chalumeau ; mais il s'agit de la régler pour stabiliser le ballon. Il suffit alors, pour se maintenir, d'une toute petite flamme. On reste immobile au-dessus du point à observer. Sans effrayer les animaux. On regarde aussi longtemps qu'on veut. On a l'impression de faire partie du décor.

Le vent finalement s'est levé et a commencé à entraîner le ballon vers le large. Philippe a lancé une corde qu'un zodiac a saisie et on a pu remorquer la montgolfière jusqu'à la *Calypso*. Mais il était temps.

Le ballon a permis de découvrir beaucoup de choses : les zones où il y avait les plus grandes concentrations de baleines et aussi les ébats auxquels elles se livraient. Ainsi avons-nous pu nous familiariser de plus en plus avec leur vie et réussir à les approcher à des moments particulièrement intéressants.

Philippe a observé le manège d'un jeune mâle tentant d'assaillir une femelle qui avait un petit. Elle ne voulait pas se laisser séduire. Elle claquait l'eau à grands coups de queue. Elle le repoussait de la tête, mais il revenait toujours à la charge.

— J'ai vu ce spectacle, dit Philippe, du mâle se jetant à une allure prodigieuse sur la femelle. J'ai vu ces deux masses se lançant l'une sur l'autre comme deux bateaux qui entrent en collision, tandis que le petit qui se trouvait malencontreusement entre les deux était littéralement soulevé hors de l'eau. La baleine a fini par donner un grand coup de queue et elle est partie en entraînant son petit.

Un trio amoureux

Ted Walker nous avait décrit l'accouplement des baleines : les baleines se placent côte à côte en surface, sur le dos. Le sexe du mâle est recourbé comme un manche de canne et placé très en arrière du corps. Il est proportionné à la taille du cétacé : environ le dixième de la longueur de l'animal. Il y a d'abord tentative de pénétration, et les baleines se mettent face à face couchées dans l'eau sur le côté. La position en tout cas est plus confortable que celles d'autres baleines qui font l'amour debout.

Un groupe de baleines grises vues d'avion à l'époque des amours dans le lagon de Scammon.

Philippe, aidé de deux hommes, porte la nacelle de son ballon.

Philippe est devenu particulièrement habile à maîtriser les caprices du ballon à air chaud.

Le ballon qui a permis d'observer et de filmer les baleines grises sans les effrayer.

On dégonfle et on plie le ballon à bord de la *Calypso*.

Au bout d'un certain temps, il y eut sur la mer une large tache de mousse qui atteignait peut-être 35 mètres de long. Selon Ted Walker, c'était probablement la semence du mâle mêlée à l'eau de mer. Peut-être aussi des sécrétions de la femelle. Il arrive aussi que les eaux troubles chargées de matières organiques se couvrent d'écume lorsqu'elles sont violemment agitées.

Il est possible en effet que l'accouplement n'ait pas vraiment été réalisé, et que le sperme se soit répandu dans la mer. En effet, de l'avis de tous les spécialistes, la réussite est relativement rare. C'est pourquoi les rapprochements se répètent à une telle cadence et sont chaque fois très brefs (1).

En fin de saison, il nous a tout de même été possible de réunir en plongée la prise de vues en eau claire d'un accouplement : par prudence nous sommes restés à une dizaine de mètres de distance. Il s'agissait d'un dernier ébat amoureux au départ du lagon, au début de l'interminable migration vers le Nord.

Un amour difficile

Le principal obstacle à l'accouplement vient de la nécessité où se trouvent les baleines de revenir en surface pour respirer. Le rapprochement se fait dans l'eau, en semi-plongée, et il faut qu'elles accordent leur souffle pour remonter toutes deux en même temps.

Il semble que quand elles sondent délibérément, les baleines puissent rester en apnée beaucoup plus longtemps que lorsqu'elles descendent sous l'effet du sommeil ou pour s'accoupler.

Pour passer un temps assez long sous la surface, la baleine se prépare. Elle ventile ses poumons. Mais quand elle passe sous la surface, brusquement dans le cas du sommeil, ou sous l'effet de l'excitation, le séjour en apnée est obligatoirement bref.

Pour les baleines mâles, s'accoupler est un phénomène rare et très important. C'est l'avis de Walker. La réussite amoureuse dans la vie d'un mâle doit être relativement exceptionnelle.

Une réussite de ce genre exige que beaucoup de conditions soient réunies : la saison, le lieu, la baleine en chaleur, la victoire sur un ou plusieurs rivaux, la complaisance de la femelle. Rien de tout cela ne peut se

(1) Selon K.S. Norris, l'acte dure de dix à trente secondes et peut se répéter à des intervalles d'une à huit minutes pendant une heure et demie. Il y a de nombreux contacts entre le pénis et le ventre de la femelle avant l'intromission.

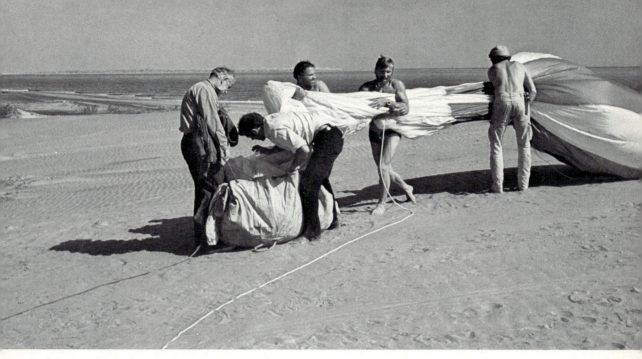

Le ballon exige des soins assez longs et compliqués.

passer pendant la migration, quand le troupeau vient de la mer de Béring. Les animaux ont assez à faire pour progresser, pour trouver leur chemin, car finalement leur temps est très limité.

Tous les cétacés ne s'accouplent pas de la même manière et le comportement des baleines grises est même assez inhabituel. En général, il est fréquent que la femelle assume le rôle actif. Elle est provocatrice. Elle montre au mâle qu'elle est en chaleur. L'odorat étant nul ou très peu développé chez les cétacés, aucun effluve ne les guide.

Les humpbacks, les baleines à bosse, s'accouplent poitrine contre poitrine au moment précis où ils surgissent à la surface avec une vitesse considérable. Un rapprochement aussi acrobatique ne peut être qu'extrêmement bref : quelques secondes.

L'équipe du *Curlew* n'a pas, au cours de son séjour aux Bermudes, assisté à ce genre de performance. En revanche, nos camarades ont vu les baleines à bosse se livrer au-dessus de l'eau à des bonds fantastiques qui étaient peut-être des jeux amoureux, des essais ratés d'accouplement. Les humpbacks passent pour les champions de ce genre de saut en hauteur. Non seulement elles sortent entièrement de l'eau, mais elles retombent brutalement sur le dos dans un claquement formidable et une gerbe d'eau. C'est une démonstration impressionnante où ces géants de 40 ou 50 tonnes donnent toute la mesure de leur puissance.

Une baleine à bosse s'apprête à faire surface.

Une énorme vache

Aux Bermudes, Philippe a été témoin d'une autre scène d'amour qui n'unissait pas des humpbacks.

— Un jour de très beau temps, raconte-t-il, à peine sortions-nous du lagon avec le *Curlew* que nous avons vu au loin un souffle, deux souffles. Nous nous sommes approchés et nous avons mis le zodiac à l'eau. Nous avons sauté dedans, Bernard Delemotte, Dominique Sumian et moi et nous sommes partis dans la direction des souffles.

« Nous avons d'abord cru qu'il s'agissait de baleines grises. Elles semblaient en effet moins noires que les baleines à bosse au milieu desquelles nous avions l'habitude d'évoluer. Et elles n'avaient pas de nageoire dorsale. Nous nous sommes approchés de très près avec le zodiac, hésitant à les effrayer. Je me suis mis à l'eau avec Delemotte et nous avons nagé deux cents mètres.

« Malheureusement une fois de plus l'eau était très trouble. Nous avons vu quand même ce qui se passait dans la mer. C'étaient deux baleines franches en train de faire l'amour. Il n'y avait pas à s'y tromper : elles roulaient l'une sur l'autre, se caressaient de tout leur corps.

Les baleines grises sont des championnes de l'acrobatie.

« La scène a été très rapide. Elles n'étaient pas assez engagées dans leur idylle pour être insensibles à tout. Elles nous ont repérés et elles ont disparu. J'ai pu tourner à peine 10 mètres de pellicule.

« C'étaient bien des baleines franches avec des nageoires courtes, coupées net, triangulaires. Pas de dorsale, une énorme gueule et un ventre taché. L'aspect d'un animal très différent de toutes les baleines que nous connaissions. Une sorte d'énorme vache gonflée et lourde. »

Les baleines passent pour monogames au moins pour une saison. En tout cas, à l'époque des amours on les rencontre par couple... ou par trio. Il n'est pas impossible que les baleines grises, qui sont d'audacieuses luronnes, pleines d'initiative, pratiquent la polyandrie ainsi que nous avons cru le constater dans la baie de Scammon. Quant aux autres baleines, rorquals, humpbacks, c'est deux par deux qu'elles pratiquent ce que le professeur Budker appelle « des badinages destinés à assurer leur descendance ».

« L'Empereur »

Les mœurs des cachalots sont bien différentes. Leurs amours sont beaucoup plus violentes que celles des baleines. Ce sont des polygames résolus et le mâle rassemble un harem important. Il n'est pas rare qu'un gros vieux cachalot soit à la tête d'un groupe de vingt à cinquante individus : des femelles, des jeunes et des adolescents. C'est une nombreuse famille.

Mais le maître du harem peut se voir déposséder par un mâle plus jeune. Il en est qui rôdent sans cesse autour du troupeau et il existe probablement chez les cachalots le genre de rivalité amoureuse que l'on constate chez les phoques ou les éléphants de mer.

Un vieux mâle ainsi détrôné, se retrouve seul dans la mer et il va cacher sa honte... au pôle. C'est ce qui explique qu'on trouve dans l'Arctique et dans l'Antarctique de très gros et très vieux mâles solitaires que les anciens baleiniers appelaient superbement des « empereurs ».

la pouponnière des léviathans

Après l'excellent travail qu'avaient fait Philippe et son équipe en Basse-Californie dans le lagon de Matancitas à bord du *Polaris III,* j'ai décidé d'achever nos recherches sur les baleines grises en amenant la *Calypso* dans la baie de Scammon. Ce lagon avait été jugé trop grand par Philippe pour être utilement prospecté avec les moyens dont il disposait. Mais je pensais qu'avec toutes les possibilités de la *Calypso,* les chalands, les zodiacs, les plongeurs et vingt-neuf hommes à bord, nous serions assez bien équipés pour observer les baleines comme nous l'entendrions dans toute l'étendue de ce lagon.

Un de nos plus grands désirs était d'assister à la naissance d'un baleineau. L'équipe du *Polaris* avait vu bien des fois des mères allaiter leur petit et avait même réussi à les filmer. Mais personne n'avait encore assisté à l'accouchement d'une baleine ou d'un cachalot, alors que la scène a été observée et abondamment filmée en bassin chez les dauphins. La maternité chez les baleines nous a paru un merveilleux sujet.

En général les baleines ont un petit tous les deux ans et elles allaitent pendant neuf mois. Chez les cachalots où la gestation dure seize mois au lieu d'un an, il n'y a de naissance que tous les trois ans.

On sait que presque tous les cétacés sortent par la queue du ventre de leur mère. C'est une particularité très remarquable, car chez tous les

En zodiac, l'équipe cinéma part dans le sillage d'une baleine.

autres mammifères vivipares (1), le petit se présente par la tête. Chez les cétacés, la présentation par la queue évite la noyade au nouveau-né. Sa mère d'ailleurs s'empresse de l'entraîner en surface où il aspire sa première goulée d'air. Elle est aidée alors par une ou plusieurs femelles, des sages-femmes, ou comme on dit en Californie, une tante, la « tata » qui paraît s'attacher par la suite sentimentalement à ce rejeton qui n'est pas le sien.

Mère et enfant

Faire entrer la *Calypso* dans la baie de Scammon n'était pas une opération sans risque. L'unique passe est étroite et envasée. Le chenal est

(1) A l'exception du chiroptère* (chauve-souris).

Deux baleines grises dans la baie de Matancitas.

tortueux, encombré de bancs de sable, dont la configuration varie d'ailleurs d'une marée à l'autre. En outre, des marais salants occupent toute la première partie du lagon qui serait totalement inaccessible si quelques bouées n'avaient pas été placées pour baliser un chenal zigzagant.

La *Calypso* a touché deux fois, mais sur fond de vase heureusement et elle a pu se dégager sans difficulté.

Nous avons trouvé un bon mouillage à l'intérieur et chaque jour les deux zodiacs et les deux chalands sont partis en reconnaissance. Les embarcations évoluaient — aussi silencieusement que possible — au milieu des baleines.

Beaucoup d'entre elles dormaient. Leurs petits étaient à côté d'elles. Certains même avaient la tête posée sur la poitrine de leur mère, au voisinage des mamelles. Mais ils ne tétaient pas. Parfois mère et enfant semblaient jouer et se frottaient l'un contre l'autre.

Comme tous les enfants du monde, les baleineaux sont inconscients et ont une confiance aveugle dans la bonté universelle. Ils sont aussi très curieux.

Quand les baleines dorment, elles ont la queue et la tête sous l'eau, mais on voit s'arrondir en surface leur gros dos marbré de taches. Lentement, elles montent pour respirer. Le bruit du souffle trouble un instant le silence. Puis elles se laissent doucement couler. Le bébé joue tout seul.

L'intrusion du zodiac, à l'aviron, a donné lieu à des scènes très différentes. Tout d'abord, nous avons remarqué que lorsque l'embarcation arrivait derrière les baleines endormies, elles n'avaient aucune réaction ; si au contraire, nous nous présentions devant elles, elles s'éveillaient en sursaut. Ce qui avait généralement des conséquences fâcheuses... pour nous. Il semble qu'elles soient beaucoup moins sensibles aux bruits qui viennent derrière elles. C'est à l'avant que fonctionne leur système d'alerte.

Mais, tandis que sa mère somnolait, le baleineau, lui, ne dormait pas et il repérait très bien le zodiac et les hommes. Ou bien il leur faisait fête ou bien il était épouvanté.

Baleine grise soufflant, suivie de son baleineau dont on distingue nettement les évents.

Une baleine charge

Il est arrivé souvent que le bébé quitte le voisinage de sa mère endormie et s'approche du zodiac avec une curiosité toujours inquiétante chez un animal de 5 à 6 mètres de long et pesant plusieurs tonnes. La mère d'un de ces jeunes inconscients s'est réveillée brusquement. Elle s'est aperçue que son petit était tout simplement en train de lier amitié avec Philippe, Dele-motte et Serge Foulon. Elle s'est jetée sur eux et elle a tout fichu en l'air : le zodiac, les caméras et les hommes. Tout cela pataugeait dans l'eau au milieu d'un bouillonnement d'écume. La baleine n'avait certainement aucune animosité particulière. Elle voulait seulement récupérer son petit. L'amour maternel est extrêmement développé chez les grands mammifères marins.

Il peut arriver que les mères corrigent leur enfant. Dans la baie de Matancitas, un bébé est venu se frotter contre la coque du *Polaris*. La mère réveillée a sorti une queue formidable hors de l'eau et elle est venue cher-cher le baleineau. Elle l'a entraîné comme une mère emmène son enfant.

Dans d'autres cas, le bébé s'est montré craintif et au lieu de se laisser entraîner par sa curiosité, il a pris peur à l'arrivée des hommes. Il a entrepris alors de réveiller sa mère ; nous avons assisté à ses efforts et c'était vraiment touchant : il s'agitait, il la poussait de la tête, il passait sur elle. Finalement il a pris le parti de sonder et la mère enfin réveillée l'a suivi. Heureusement pour le zodiac.

Affolement

Il existait dans le lagon de Scammon des baies bien protégées, des poches d'eau cachées par les dunes, où les baleines se réfugiaient de préférence avec leur petit. Les plongeurs s'en rendirent vite compte et ils baptisèrent cette partie du lagon la nursery.

Mais il fallait se montrer particulièrement prudent lorsqu'on s'y hasardait en zodiac car les mères s'inquiétaient tout de suite pour leur baleineau : si elles étaient alertées, elles étaient vite prêtes à charger. En tout cas, elles pouvaient déployer une grande violence pour réussir à se placer entre le petit et le zodiac.

C'est ainsi que Bonnici et Delemotte ont provoqué sans le vouloir des bousculades incroyables. Plusieurs mères dormaient dans la nursery et deux bébés ayant repéré l'embarcation se sont approchés. Les mères se sont dressées, des souffles partaient de tous les côtés, l'eau bouillonnait

Ci-dessus :
Dans un zodiac conduit par Canoé, Bernard Dele-motte ramène un pélican blessé.

En haut, à gauche :
A heures fixes, les pélicans se groupent toujours sur les mêmes bancs de sable.

A gauche :
Les pélicans sont d'excellents pêcheurs sous-marins.

A droite :
Le pélican a déjà pris en affection Bernard Dele-motte qui le tient dans ses bras.

sous les coups de nageoires et en un instant, les bébés furent récupérés et emmenés de force. Tout le monde disparut. L'équipage du zodiac médusé n'a même pas eu le temps de réagir. Machinalement le cinéaste avait braqué sa caméra. Tout ce qu'on verra sur le film, c'est une gerbe d'eau.

Jadis les baleiniers mettaient assez vilainement à profit cet amour maternel pour assurer leur tableau de chasse. Le capitaine Scammon, par exemple, dans cette même baie qui porte aujourd'hui son nom, commençait par s'en prendre aux baleineaux, ce qui immanquablement entraînait la mère à charger. On pouvait alors la harponner de très près. Mais le jeu était dangereux. Il n'est pas si facile d'échapper à la fureur d'un animal de 40 tonnes. Le capitaine Scammon a perdu ainsi beaucoup de baleinières fracassées par les mères folles de colère. Mais il a aussi tué beaucoup de baleines grises.

La berceuse

Nous devenions de plus en plus habiles à approcher les baleines sans les effrayer. Les équipes réussissaient à s'imposer une extraordinaire discipline de silence en même temps que l'expérience révélait la meilleure méthode pour aborder les animaux par l'arrière.

Cette tactique a permis de surprendre à plusieurs reprises des mères en train d'allaiter leur petit. Le spectacle était extraordinaire. On ose dire qu'il était empreint de tendresse. Le gigantisme composant une scène aussi paisible, aussi intime, aussi familiale, a quelque chose d'hallucinant.

Dans cette scène, les ailerons de la baleine jouent un si grand rôle qu'ils évoquent des bras et même le bercement maternel. La baleine se place sur le côté et maintient le petit entre ses nageoires pendant qu'il tète. Si la baleine n'est pas dérangée, elle descend et remonte doucement avec son petit sur sa poitrine. Au cours de ce va-et-vient, elle maintient la tête de son enfant à la surface et chaque fois, il tète pendant quelques secondes.

Les mamelles participent du gigantisme de l'animal : bien que prises dans un repli de peau, elles sont volumineuses. Un muscle fait saillir le mamelon et envoie une giclée de lait sous pression. Le jet de lait peut atteindre deux mètres de haut.

Ce lait, nous avons eu l'occasion d'en voir à la surface de la mer, et même d'en goûter : il est plus jaunâtre que blanc, avec une saveur assez forte et une consistance huileuse. C'est le lait le plus riche qui soit en matières grasses : 35 % contre 3,50 % dans le lait de vache.

Delemotte nourrit son pélican de force.

La vitesse de croissance des baleineaux paraît presque invraisemblable : plus de cent kilos par jour — quatre kilos et demi à l'heure. Une tonne tous les neuf jours. Aucun animal au monde ne grossit aussi vite. Il s'agit bien sûr de la croissance infantile. Une baleine bleue atteint 15 mètres en trente-six mois et sa « jeunesse » se décompose ainsi : l'enfance dure sept mois, l'adolescence dix-sept mois et il se passe encore un an avant la maturité sexuelle.

Double-page suivante : une mère baleine à bosse soutient son baleineau.

Le pélican reconnaissant ne quitte plus Delemotte.

Bébé en caoutchouc

Malgré tous nos efforts, il nous a été impossible d'assister à un accouchement. Non pas parce que les baleines fuyaient, mais parce que nous n'avons jamais eu la chance d'arriver au bon moment à l'endroit voulu dans ce dédale immense du lagon de Scammon. L'événement lui-même doit être en général très bref. Il faut que le petit soit libéré très vite sinon il meurt. D'ailleurs la mortalité infantile est considérable : il suffit pour en juger de voir les nombreux cadavres de baleineaux disséminés tout le long des rives du lagon.

Ted Walker nous a assuré que les baleines grises accouchaient en se mettant sur le dos par petit fond et en poussant le bébé vers la surface pour qu'il puisse tout de suite respirer.

Les bébés nouveau-nés que nous avons vus se trouvaient dans très peu d'eau avec leur mère. Quand ils sont très jeunes, ils sont mous comme du caoutchouc mousse et tout à fait incapables de nager ; même s'ils battent de la queue, ils n'avancent pas. Ils ne flottent pas : leur densité est trop forte lorsqu'ils sont encore en bas âge et leur cage thoracique n'est pas suffisamment développée pour que l'air de leurs poumons les fasse surnager. Il faut donc que leur mère les soutienne en surface. Souvent j'ai vu, étant en zodiac sur le lagon, une baleine prendre son bébé sur un aileron, le soulever sous le ventre ou sous la tête et l'entraîner avec elle. Le bébé roule comme une barrique et on le voit plus souvent sur le côté ou le ventre en l'air, mais la mère le rattrape toujours adroitement et lui maintient la tête hors de l'eau.

Le fait que le petit ne puisse pas nager dès sa naissance et même soit à peine capable de flotter explique que les baleines grises de Californie parcourent 5 000 milles pour venir chercher en Basse-Californie des eaux peu profondes où les bébés ne se noient pas. En pleine mer, ils seraient presque sûrement condamnés à périr dès leur naissance.

17 février. Nous passons la journée à préparer tout le matériel en vue d'une plongée de nuit. Les habits des plongeurs sont peints en rouge phosphorescent. Des bandes rouges sont collées sur les zodiacs et les chalands. Nous avons décidé cette plongée parce que Ted Walker pense que les baleines n'accouchent peut-être que la nuit.

Lever à 2 heures du matin. Les embarcations s'enfoncent dans une nuit presque opaque. Nous guettons les clapotis et les souffles. Les came-ramen se mettent à l'eau, les plongeurs allument les lampes. Devant eux se silhouettent à la lueur des projecteurs les grands corps immobiles des baleines endormies. Rien ne bouge. Les plongeurs restent un peu à distance.

Inutile de provoquer une bagarre en pleine nuit. Nous ne savons pas comment elle tournerait.

Nous continuons l'inventaire des dormeuses. Aucune femelle n'accouche. Pas d'incident et la séquence doit être bonne. A l'aube, nous revenons à bord, les dunes deviennent roses au soleil levant.

Les pélicans

Nous apprenions peu à peu à connaître et à aimer ce « désert » de Basse-Californie qui cache toute une vie animale secrète dans l'aridité de ses sables, au pied de ses falaises et de ses palétuviers dont les racines se tordent dans l'eau comme des serpents.

Dans les lagons de Scammon et de Matancitas, les premiers rôles étaient tenus par les baleines grises, mais les pélicans se sont révélés comme des sujets d'étude presque aussi passionnants. En guettant les baleines, nous ne pouvions pas manquer de nous intéresser à eux. Et nous avons eu la révélation de leur beauté en vol et de leur intelligence.

Ils ressemblent à des bombardiers et ils se déplacent en escadrille. Quand ils atterrissent, ils mettent les pattes en avant et font du ski nautique, parfois sur dix mètres de distance.

Les pélicans étaient nos compagnons de tous les jours. Chaque matin et chaque soir, à heure fixe, dans une lumière extraordinaire, rougeâtre et rose, ils passaient dans le soleil à la file l'un derrière l'autre, survolant les dunes dorées ou grises, comme s'ils avaient un programme chargé dont ils s'acquittaient soigneusement. Ils avaient leur place du matin et leur place du soir. Ils s'y rassemblaient en bande qui devait bien atteindre parfois un millier d'individus. Mus par un brusque caprice, ils passaient parfois au ras de l'eau, en ligne, et nous ne pouvions nous retenir de lever la tête pour les regarder défiler. La journée durant, ils pêchaient en plongeant merveilleusement. La lumière dans laquelle ils flottaient changeait d'heure en heure, devenait plus lourde, opaque et rougeoyait le soir.

Quand les pélicans pêchent, chacun d'eux est accompagné d'une mouette, qui le suit et qui mange ce qu'il néglige ou ce qu'il laisse tomber. Quand le pélican plonge, la mouette plonge derrière lui.

Nous avons découvert un pélican qui avait une aile cassée et nous l'avons recueilli à bord. Mais il s'est échappé et il est resté sur l'eau en détresse, criant lamentablement, incapable de s'envoler. Serge Foulon a sauté de la *Calypso* pour le repêcher. Jusqu'alors il n'avait montré aucune

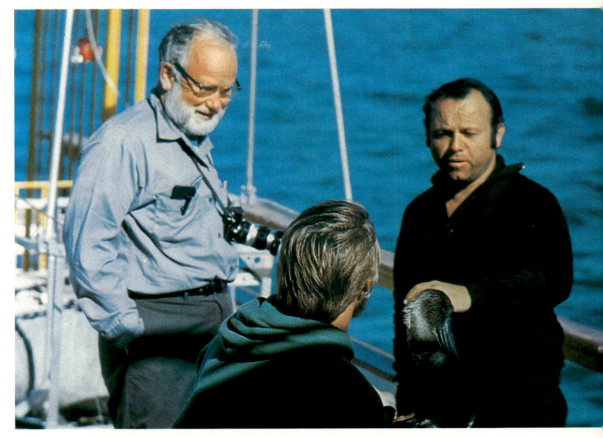

Ted Walker s'entretient avec Bernard Delemotte et le docteur François à bord du *Polaris III*.

inimitié pour aucun d'entre nous et il s'était bien apprivoisé. A partir de ce moment, on ne sait pas pourquoi, il a pris en grippe son sauveur Serge Foulon. Tout le monde pouvait le caresser, sauf Foulon, qui devait se garer de ses coups de bec. Un bec de pélican est une arme dangereuse qui claque d'une manière impressionnante et qui porte à son extrémité un ergot très pointu. Mais la poche est molle, soutenue par deux branches résistantes, à la pointe desquelles se trouve l'ergot.

C'était surtout Delemotte qui nourrissait notre pélican et il lui donnait à manger à la main. Il l'avait appelé Alfred en hommage à Musset. Dès qu'Alfred a pu voler, nous l'avons laissé partir.

Une baleine à bosse et son petit vus d'en dessous.

Un travail de couture

Un autre lui a succédé. Celui-là nous l'avons trouvé sur la plage, maigre et famélique, très triste. Philippe l'a attrapé, ramené à bord et nous nous sommes aperçus que sa poche était fendue dans toute sa longueur. Il ne pouvait pas pêcher : tout passait à travers cette fente. Ce n'était pas un accident. Nous avons appris que les enfants de Matancitas, lorsqu'ils s'emparent d'un pélican, lui ouvrent ainsi la poche d'un coup de couteau.

Le docteur François, le médecin du bord, a pris du fil à voile, une grosse aiguille. Il les a désinfectés à l'alcool et il a recousu le pélican. Le lendemain, l'animal mangeait. Il est parti quelques jours plus tard.

Lorsqu'on vit pendant des semaines dans la familiarité de ces oiseaux, que leur vol et leurs cris sont inséparables du spectacle des baleines et de leurs souffles, on se sent lié à cet univers, on s'incorpore à la vie locale, à l'eau trouble, aux sables. Pour nous, ils faisaient partie du paysage, ils étaient devenus le symbole même de cet endroit si déshérité et si vivant. Baleines et pélicans, par leur étrangeté, évoquaient des scènes des premiers âges du monde.

Nous nous sommes beaucoup attachés à eux à cause de leur dignité naturelle relevée d'une pointe d'humour.

La vie des pélicans se juxtapose d'ailleurs à celle des baleines sans s'y mêler. Ils ne touchent pas aux cadavres de baleineaux qui sont victimes d'une grande mortalité infantile. Les charognards du coin sont les « Turkey vultures », des vautours américains : *Cathartes aura,* qui ressemblent à des dindes au cou déplumé.

Une tante dévouée

La *Calypso* a quitté la Basse-Californie alors que les baleines commençaient à sortir du lagon et à s'engager dans le Pacifique pour remonter vers le nord.

Les plus vieilles, celles qui connaissent la route, s'en vont les premières et le grand troupeau les suit. Elles partent vers l'océan Arctique à 4 000 milles au-delà de l'horizon. Elles quittent leur désert pour aller se gaver de plancton dans les eaux froides du nord. Même les très jeunes, celles qui ont eu la chance de survivre à tous les dangers qui les menacent vont entreprendre ce long voyage, aidées par leur mère... et leur tante.

C'est à ce moment que nous nous sommes aperçus que les requins, de grands requins blancs dont certains dépassaient 4 mètres, étaient embusqués à l'ouvert du chenal. Ils attendaient les jeunes baleineaux plus ou moins en détresse. Il semble que d'eux-mêmes ils n'osaient pas attaquer ; ils sont moins audacieux que les orques. Ils sont aussi beaucoup moins intelligents. Ils se tenaient prêts à participer à une éventuelle curée.

Nous avons descendu les cages anti-requins et malgré d'assez forts courants de marée, plongeurs et cinéastes ont monté la garde pour filmer le passage des baleines, avec le secret espoir d'être témoins d'un combat de géants. Mais cet espoir a été déçu : il ne s'est rien passé et l'eau était d'ailleurs extrêmement trouble.

Nous avons alors suivi le troupeau des baleines grises qui, à petite allure, entreprenait sa migration vers l'Arctique, ralenti par la présence des jeunes sur lesquels veillaient les adultes.

La cellule familiale est à la base de la cohésion du clan. Et l'amour maternel est à l'origine de cette solidarité.

Il est certain que le baleineau a besoin, dès sa naissance et pendant plusieurs années, d'une protection constante. La mère, étant donné tous les dangers qu'il court, ne suffit pas à le défendre et à assurer son éducation. Il semble que ce soit une autre femelle — et non le père — qui l'aide dans sa tâche. C'est celle qu'on a surnommé « la tante ».

A l'origine de cette activité paramaternelle, il existe une particularité physiologique : les baleines ne peuvent pas enfanter tous les ans, car la gestation dure environ douze mois. Pendant l'année qui suit la mise bas, puis l'allaitement, la femelle est donc disponible et son instinct maternel la pousse à veiller sur les enfants des autres. C'est une particularité qui semble se retrouver chez tous les grands mammifères marins et aussi chez certains grands animaux terrestres : chez les éléphants aussi il y a une « tante ». Sur bien des points d'ailleurs, il y a des ressemblances entre cétacés et éléphants. Certains comportements affectifs sont liés à la longue gestation et à la durée d'élevage des jeunes.

Nous avons eu l'occasion de nous rendre compte à quel point cette protection par une autre femelle est efficace.

Nous avions repéré deux grosses baleines qui encadraient un baleineau. Nous avons tenté de manœuvrer pour isoler le petit, mais il y avait toujours une des deux baleines qui se plaçait entre nous et leur protégé. Celui-ci était si jeune qu'il ne pouvait pas sonder, ou à peine. Peu à peu, nous nous sommes laissés impressionner par l'une des deux baleines qui soufflait, tournait, s'agitait. Elle en a tant fait que nous ne nous sommes pas aperçus qu'elle nous entraînait au loin, tandis que nous perdions de vue la mère et le petit, disparus dans une autre direction. Une heure après, elle nous avait

Un plongeur s'apprête à passer une corde autour de la queue d'un jeune cachalot.

emmenés à l'opposé du groupe. A ce moment-là, elles nous a lâchés avec la plus grande facilité, en sondant profondément. Nous étions joués.

Les baleines à bosse en font autant et chez elles aussi, il y a presque toujours deux adultes pour veiller sur un petit.

Philippe Sirot, qui était le capitaine du *Curlew* pendant l'expédition des Bermudes, a observé que lors de la poursuite d'un groupe de baleines à bosse où il n'y avait pas de baleineau, c'était le troupeau tout entier qui prenait la fuite, mais si le groupe comprenait un jeune incapable de fuir à la même vitesse, toutes les autres baleines attendaient dans le voisinage et une baleine adulte — peut-être la tante — se chargeait d'aider la mère en entraînant les poursuivants au loin.

C'est ce qui est arrivé en effet alors que l'équipe avait presque réussi

Le cachalot vient d'être attaché.

à isoler en zodiac un petit baleineau qui se montrait déjà très essoufflé et qui était sur le point d'être capturé. La mère semblait impuissante à le protéger. C'est l'intervention de « la tante » qui a obligé l'équipe à lâcher prise tandis que mère et enfant, profitant de l'effet de surprise, disparaissaient.

« Elles auraient pu nous tuer »

Aux Bermudes, l'équipe du *Curlew* a passé des nuits pénibles, ancrée sur un récif isolé, à se faire durement secouer. Tout le monde était malade à bord sauf Philippe, Delemotte et Davso. Le bateau était petit, inconfortable. Les gens vivaient entassés les uns sur les autres, dans des sacs de couchage, ce qui rendait les effets du mal de mer particulièrement sensibles.

Mais un jour l'équipe a été récompensée : calme plat sur tout l'ensemble du banc. Et à quelque distance un souffle de baleine, puis un autre souffle moins élevé : un petit souffle. Une mère et son enfant. Des baleines à bosse. Le zodiac est débarqué aussitôt et commence à tourner autour des animaux pour les enfermer dans le fameux « cercle magique ». Jusqu'alors les baleines à bosse s'étaient montrées réfractaires à cette technique ; elles s'échappaient. Mais cette fois-là, la réussite est immédiate. L'explication est simple : la baleine ne voulait pas quitter son petit et elle essayait de le protéger.

Philippe et Delemotte se sont laissés glisser dans l'eau qui était d'une pureté cristalline et pendant une demi-heure, ils ont assisté à un véritable ballet. Philippe nageait à toute allure pour rester à bonne portée. Lui et Delemotte étaient à bout de force, mais ils changeaient de caméra toutes les quatre minutes, épuisant les bobines les unes après les autres.

En surface, Dominique Sumian sautait en zodiac à toute vitesse, de lame en lame, pour maintenir les baleines à portée de la caméra.

— En dessous, raconte Philippe, c'était un spectacle d'un calme et d'une grâce extraordinaires. La baleine tendait ses immenses nageoires blanches comme des ailes. Elle virait, s'arrêtait, repartait. Elle soutenait le petit, le portait en surface. Plus il se fatiguait, plus elle le soulevait.

Dans le film tourné ce jour-là, on peut voir la mère baleine et son petit venir droit sur Philippe qui passe entre eux avec sa caméra. La mère replie alors l'extrémité d'une de ses nageoires pour ne pas heurter Philippe !

Ce geste extraordinaire n'est pas un simple hasard. En une autre occasion, une baleine à bosse a de même levé sa nageoire pour éviter un plongeur.

— Elles auraient pu nous tuer vingt fois, dit Philippe. Ce sont les plus belles heures que j'ai passées dans l'eau durant toute ma vie.

En général, quoi que nous ayons fait pour isoler le baleineau, par exemple en tournant autour avec le zodiac dont le bruit doit être affolant pour les cétacés, jamais la mère n'abandonnait son petit. Et le groupe ne renonçait à les attendre que lorsque la situation s'était dénouée d'une manière ou d'une autre. Le plus souvent à notre désavantage.

Quand l'enfant était encerclé, la mère l'aidait, le poussait. Quand nous avons isolé deux adultes et un petit, la mère a réussi à rester avec le baleineau et l'autre baleine qui s'est échappée est toujours restée à proximité. Elle tournait autour de nous. Dès que nous leur avons rendu la liberté, ils se sont regroupés tous les trois.

Un plongeur s'approche du cachalot pour le délivrer.

D'un coup de couteau, Falco coupe la corde qui retenait le cachalot prisonnier.

Les cachalots

La solidarité familiale des cachalots apparaît encore plus grande que celle des baleines parce que leurs groupes qui peuvent comprendre jusqu'à une centaine d'individus, sont constitués par une même famille sous l'autorité d'un seul grand mâle. Ils sont tous parents !

Voici les notes prises par moi au cours de nos rencontres avec les cachalots dans l'océan Indien.

Lundi 15 mai. Dès 8 heures 35, un souffle en vue. Zodiac à la mer. Ce sont les cachalots qui naviguent par petits groupes. Chaque fois que le zodiac approche, ils plongent pour des durées de vingt à vingt-cinq minutes et ressortent dans des directions différentes. Le zodiac se précipite de l'un à l'autre sans arriver à les bloquer par la technique du « virazéou ». Bébert repart vers un autre groupe d'animaux : celui qu'il choisit ruse, sort à droite, puis à gauche, jamais loin de la *Calypso*. On croirait que ces cachalots s'amusent. A 11 heures 21, l'un d'eux sonde pour neuf minutes ; devant la *Calypso,* à droite, à gauche, deux autres groupes de cachalots soufflent. C'est merveilleux, mais le zodiac ira d'un groupe à l'autre sans jamais pouvoir les cerner, alors qu'ils font surface tout près de nous et défilent paisiblement le long du bord ! ! ! A 12 heures 53, Falco abandonne. Un superbe coryphène* passe à nos pieds dans l'eau transparente.

Mardi 16 mai. Dans l'après-midi, Didi aperçoit des cachalots de sa couchette (hum ! ce n'est pas très flatteur pour les veilleurs). La *Calypso* reprend aussitôt la chasse.

Il est 14 heures 05. Plusieurs tentatives sur plusieurs groupes différents restent sans succès. La *Calypso* essaie alors d'approcher, mais les animaux sont sur le qui-vive. Le zodiac est noyé par deux fois par une queue monstrueuse qui disparaît en frappant l'eau devant l'étrave. Finalement, Falco trouve un « jeune » cachalot de 3 tonnes environ, que le zodiac arrive à gagner de vitesse. Suivant la tactique du « vire-vire », Bébert, dans son zodiac, tente de dépasser le cachalot et de tourner en rond. L'opération réussit. Le jeune cachalot reste en surface, se tourne dans toutes les directions, exaspéré par le frelon qui l'enferme dans un cercle infernal. Bientôt, il devient furieux et, gueule ouverte, il tente à chaque passage du zodiac de bondir dessus et de mordre. Il effectue ces attaques d'abord gueule en bas, puis en se mettant sur le flanc bec ouvert à l'extérieur, pour mieux atteindre l'ennemi en surface. Par deux fois, Falco tire avec l'arbalète à caoutchouc et le harpon spécial de marquage rebondit sur la peau. Maurice et René, en chaland, viennent à la rescousse et pendant que Falco change d'arme, ils tournent autour de l'animal qui est complètement désorienté.

Soudain l'animal paraît reprendre ses esprits. Il heurte le chaland de toutes ses forces. Le moteur hors-bord se détache, reste à la traîne, l'hélice emballée. Maurice tombe à l'eau et sous l'effet de la peur rebondit littéralement en surface pour retomber assis dans le chaland. Le baleineau libéré et apparemment satisfait, plonge tranquillement et disparaît.

Falco et Maurice repartent en chasse et le retrouvent environ à un mille de là, dans le soleil. Dès que le « virazéou » reprend, le cachalot est à nouveau prisonnier en surface, presque comme par magie. La *Calypso* est stoppée à quelques mètres de cette arène marine et Barsky filme. A bord des embarcations, les rodéistes sont excités, on peut entendre les cris de Falco... Barsky n'est pas le seul à filmer ! Sur la *Calypso,* tout le monde est massé près de l'étrave, caméra à la main.

Le cachalot se ramasse et bondit à chaque passage de l'embarcation devant sa gueule. L'excitation fait place à la peur quand Maurice est projeté pour la deuxième fois à la mer. L'animal, malgré sa silhouette massive et laide est plus souple qu'on ne pensait. Il se plie à droite ou à gauche, paré à mordre ! D'ailleurs il mord la barre de fer qui dépasse à l'arrière du chaland. Deux fois le zodiac de Falco reçoit un coup de queue qui le soulève, mais chaque fois, heureusement, il retombe à plat.

Falco, enfin, tire à poudre sur la queue : le fer rebondit comme sur du caoutchouc. Nouveaux essais infructueux sur plusieurs parties du corps. Enfin Falco tire dans le gras du ventre, et en effet le court harpon inoffensif pénètre à demi dans le lard. Le cachalot reste un instant immobile puis fonce à 8 nœuds vers l'ouest. A 17 heures 05, après deux heures de manège, la bouée qui termine les 500 mètres de tresse de polypropylène trace un long sillage. On lui prépare un kytoon pour la nuit... Le rythme respiratoire du cachalot est régulier, quinze minutes entre les souffles ; la route s'est bien stabilisée à l'ouest, et bientôt au loin, on aperçoit deux souffles ; à la tombée du jour le cachalot a rejoint ses parents, deux adultes imposants. Tout à coup la course s'arrête, la bouée stoppe, le kytoon s'élève ; avec Bernard, Falco fonce vers la bouée, retire le nylon et la flèche intacte.

— L'intelligence de ces animaux est remarquable, dit Bébert, et jusqu'à preuve du contraire, je penserai que les cachalots adultes ont retiré le harpon du ventre de leur jeune collègue.

C'est vraisemblable. Les baleiniers racontent que parfois les cachalots s'entraident et on cite des cas où certains animaux harponnés ont été délivrés par leurs compagnons.

A bord, on pense s'être trompé. Mais non ! Dès la deuxième plongée, le trio est rassemblé, les cachalots s'éloignent calmement dans la nuit tombante.

Le baleineau « s'oublie »

Voici maintenant ce que fut notre aventure avec un autre jeune cachalot que tout son clan s'est efforcé de protéger.

La *Calypso* fait escale à Djibouti pour se ravitailler et nous sommes tous passionnés par nos observations sur les baleines et par le tournage du premier film qui leur est consacré.

Mercredi 24 mai. Alerte aux cachalots. La *Calypso* effectue quatre approches successives dont les trois premières sont filmées par Li dans le faux-nez. Aucune, cependant, ne permet à Falco de lancer son harpon du haut de l'étrave de la *Calypso*.

Nous mettons le zodiac à l'eau, Falco lance Bonnici vers un groupe comprenant un jeune animal. Le but est d'essayer de l'isoler en lui tournant rapidement autour. La tactique du « virazéou » marche d'emblée. Pendant une heure et demie, Bonnici et Raymond maintiennent le jeune cachalot dans le cercle infernal d'un, puis de deux zodiacs. Bébert prépare fébrilement une arme et, à 10 heures 35, le jeune cachalot est harponné. A 11 heures, le chaland quitte le bord avec l'équipe de prises de vues sous-marines, Deloire, etc. Le jeune animal prisonnier est bientôt rejoint par deux cachalots adultes (peut-être ses parents) puis le troupeau entier : car nous comptons autour de la *Calypso,* onze cachalots. Certains nous paraissent énormes. C'est impressionnant. De 11 heures 25 à 13 heures 30, des embarcations incessantes vont et viennent de la *Calypso* à l'animal, pour des prises de vues extérieures, des prises de vues sous-marines, des prises de son, des photos sous-marines.

Sautant d'un chaland à l'autre, Lagorio, bardé de fils, coiffé d'écouteurs, son magnétophone sur le ventre, ne cesse de crier « silence » de sa belle voix de basse chantante et il fait à lui tout seul plus de bruit que les autres équipes.

Finalement le petit cachalot se libère. L'examen de la pointe nous confirme que nous sommes très mal outillés pour ce genre de travail.

Nous observons depuis la *Calypso* une grande agitation dans le troupeau : trois cachalots sautent en l'air. Ce doit être de joie, car le jeune — seul ou avec l'aide des adultes — a rejoint sa famille.

Mais le groupe est tout près. D'un coup de zodiac et d'un coup de « virazéou », nous isolons à nouveau le jeune cachalot. Comme chaque fois qu'un cercle infernal se referme sur un cétacé, celui-ci a peur et il vide ses intestins. La mer se colore en rouge ! On croit qu'il s'est blessé dans l'hélice, mais ce n'est qu'une horrible diarrhée puante qui salit la mer. Ce que nous

Ces dents de cachalots gravées au XIXe siècle par les marins baleiniers étaient des gages d'amour où ils représentaient généralement leur belle et leur bateau. On remarque sur celle de droite le drapeau américain, la lance avec laquelle on achève les cachalots et une scène de chasse où un canot chavire. Collection Jean Horace Chambon.

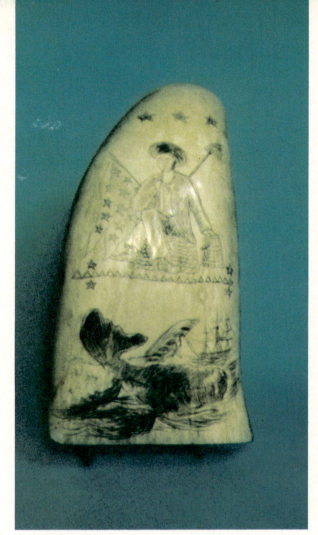

voyons, c'est la couleur, très rouge, de ses excréments. Est-il déjà sevré ? Impossible de se mettre à l'eau maintenant.

A 14 heures 40, Falco reharponne le jeune, mais en y regardant bien, ce n'est pas le même. Il est un peu plus gros, et il ne porte aucune cicatrice de harpon. Hélas, cinq minutes plus tard, il se largue lui aussi.

A 15 heures 15, il reçoit une flèche de fusil-harpon, malheureusement tout droit sur le dos, comme un mât, ce qui rendra difficile les prises de vues.

Cette fois cela tiendra. Bouée rouge, 500 mètres de nylon, et kytoonage. Prises de vues, prises de son. Le troupeau que nous devinons sur l'avant de la *Calypso* à tribord attend et lance à intervalles réguliers des signaux sonores comme pour encourager le petit ou lui montrer la route. Un autre cachalot tout proche semble répondre aux cris de son petit. Dans les hydrophones, toutes ces émissions se situent manifestement à trois niveaux différents : le jeune animal que nous avons marqué, puis la mère et peut-être le grand mâle, chef de tout le groupe. Nous n'aurons, cette fois, aucune difficulté à suivre le kytoon au radar, car il fait beau.

Jeudi 25 mai. A l'aube le troupeau est toujours là. Il nous a entraînés à 20 milles vers le nord pendant la nuit. Au radar, nous avons un écho sur Aden à 56 milles dans le 313. Nous décidons d'essayer de passer un lasso autour de la queue du jeune cachalot pour lui enlever son harpon. C'est très difficile. Bonnici et Alan tentent d'y parvenir. Mais le petit cachalot s'en charge mieux qu'eux : il se tortille tellement qu'il en arrive à se ficeler lui-même. La ligne fait une demi-clef sur sa queue. C'est une vraie chance. Mais comment pourrons-nous le libérer ?

Bébert en zodiac tente de lui enlever le harpon qui pointe dans son dos. Il n'arrive qu'à casser le manche et il tombe à l'eau où il s'empêtre à son tour dans la ligne, mêlé au cachalot. Ce serait une vraie scène de comédie, si tout le monde finalement n'était pas épuisé par cette invraisemblable gymnastique.

Pendant toute la scène, Lagorio, installé à proximité dans le chaland, enregistre au magnétophone tout ce qui se dit dans la mer. De nombreux cachalots « parlent » dans le voisinage. Le groupe tout entier paraît attendre l'issue du drame.

Enfin Bébert et Alan qui ont un peu récupéré, tentent de s'approcher du petit animal, un couteau à la main, pour le délivrer. Il se tortille comme un ver et il est impossible de s'accrocher à son aileron pour couper la ligne.

A 16 heures, instant solennel, Deloire filme sous l'eau les deux plongeurs qui délivrent enfin l'animal en tranchant tous les nœuds emmêlés. L'expérience est terminée. Nous suivons de l'œil le jeune animal qui file sans demander son reste et, sur le portique, Gaston assiste à travers ses jumelles à une démonstration d'exubérance et de joie de la famille retrouvant l'enfant prodigue.

Ted Walker est allé chercher de l'eau pour tenter de sauver le baleineau échoué.

Il asperge le jeune blessé.

L'animal est placé avec précaution dans un filet.

le baleineau
qui ne voulait pas mourir

SURVOL DE LA LAGUNE — UN BALEINEAU ÉCHOUÉ
LES PREMIERS SECOURS — OBLIGATION MORALE — JONAS
« IL M'AIME! » — NOUS PANSONS SES BLESSURES — L'ÉVENT
UNE NUIT DE VEILLE — BAIE DE LA SOLITUDE

24 février. Avant de partir, je veux jeter un dernier coup d'œil sur cette baie de Scammon qui nous est devenue maintenant si familière avec sa nursery, ses chambres d'amour et aussi son cimetière. Philippe m'emmène dans le Cessna pour un lent survol de toute la lagune.

J'ai demandé au *Polaris* et à la *Calypso* d'entreprendre un recensement approximatif des baleines dans les différentes lagunes, juste avant le départ.

Je voudrais aussi établir un compte de tous les cadavres de baleineaux pour faire une estimation de la mortalité infantile.

A la naissance, un bébé de baleine grise mesure environ 3,60 mètres de long et pèse près d'une tonne. Trois mois plus tard, il est capable d'entreprendre son premier grand voyage vers le nord. Il mesure alors jusqu'à 6 mètres.

Les baleineaux sont victimes d'assez nombreuses maladies et aussi de leurs ennemis naturels : les orques, les requins.

Tout autour du lagon gisent une dizaine de carcasses de bébés morts. Dans les palétuviers en bordure de la plage on peut voir de grands squelettes de baleines. Les racines des palétuviers ont poussé dans ces décombres et ont bouleversé les os.

Contrairement à ce qui se passe dans le monde des hommes, la plupart des animaux sauvages obéissent à une loi implacable. Si, à sa naissance, le baleineau souffre de la moindre anomalie, il est condamné par sa mère, rejeté par elle et il en meurt.

Baleineau en détresse

Le 28 février, le pilote de l'avion de reconnaissance signale par radio qu'un baleineau est échoué sur le sable à l'entrée de la lagune. Le docteur Walker, Philippe Cousteau et notre cinéaste Michel Deloire partent aussitôt en chaland pour l'examiner.

Sur la lagune pèse l'habituelle atmosphère plombée, un peu brumeuse. Tout à coup le soleil perce entre les nuages bas et les écharpes de brume : Philippe voit briller assez loin, sur une langue de sable, une forme noire. Le chaland met le cap dessus : c'est un bébé baleine, mais est-il encore vivant ?

Ted Walker et Philippe se précipitent tandis que Deloire commence à filmer. Le baleineau donne encore des signes de vie, mais faiblement. Le docteur Walker, qui a réussi à soulever la paupière et à voir l'œil, croit y déceler une dernière lueur d'intelligence. Aussitôt, au comble de l'excitation, il cherche dans le chaland tous les récipients possibles, des chiffons, des couvertures pour mouiller le jeune animal.

Hors de l'eau, une baleine échouée est rapidement victime de la chaleur. Elle se déshydrate. Le soleil lui brûle la peau. Il peut arriver aussi que dangereusement affaiblie, elle se noie à la marée montante.

Vu de près, étendu sur le sol, avec son long museau plat du bout et ridé, sa peau caoutchouteuse et un peu bleutée, son œil fermé, le baleineau a l'air d'une pauvre chose informe. C'est une épave un peu monstrueuse, entre la vie et la mort.

Flasque, frappé d'impuissance par son propre poids, ce fils de géant, écrasé contre cette langue de sable, à quelques mètres de l'eau bleue qui le sauverait, ne peut plus rien que souffrir une longue agonie, attendre une mort misérable en servant de pâture aux oiseaux.

Vit-il encore ? Ted Walker l'affirme. Comme cet animal est étrange à voir de près : tout le mufle est comme capitonné de bourrelets de peau bleutée. L'œil gonflé, rond, est fermé par une lourde paupière. L'évent frémit de temps à autre, mamelon compliqué, un peu baveux.

Le baleineau semble éprouver un certain soulagement à être aspergé par l'eau qu'on lui verse et qui lui apporte un peu de fraîcheur.

Ted Walker suant, soufflant, la barbe en avant, va et vient de la mer au banc de sable en portant des seaux d'eau. Son pantalon de toile, mouillé jusqu'à la taille, lui colle à la peau. Il est entré dans la mer avec ses chaussures de tennis qui font sur le sol un bruit de gargouille. Le baleineau s'ébroue un peu.

Par radio, Philippe a déjà alerté la *Calypso* demandant qu'on envoie de toute urgence une équipe avec un filet et des cordes pour tenter le sauvetage.

Le baleineau ferme obstinément les yeux parce que le soleil les brûle. Il semble déjà dangereusement déshydraté. Il porte sur la tête une grande plaie sanglante que lui ont faite les oiseaux de mer, notamment les petits oiseaux que l'on appelle des « sand pipers » et qui sont très voraces.

C'est l'importance de cette blessure qui fait penser à Ted Walker que le baleineau est échoué sur son banc de sable depuis plusieurs heures, probablement depuis le milieu de la nuit. A vrai dire, nous n'avons jamais bien su ce qui lui était arrivé. Il est peu probable qu'il ait été surpris par la marée. Il est encore à l'âge où les soins constants de la mère sauvent presque toujours la vie d'un baleineau. Même dans un chenal à sec à la marée descendante, elle réussit à le tirer d'affaire.

Est-ce un bébé dont la mère est morte ? Est-ce un bébé malade que sa mère a abandonné ? En tout cas, il est sous-alimenté, maigre. Nous devions par la suite trouver dans ses excréments des morceaux de clams. Peut-on en conclure qu'il essayait de se nourrir lui-même ou bien était-il normal que tout en tétant il essaie aussi de manger des mollusques ? Impossible à dire.

Ted Walker ressemble à un père affolé par les malheurs survenus à son fils et qui met tout en œuvre pour le secourir ; il s'énerve, appelle avec impatience les sauveteurs.

Premiers secours

Les sauveteurs arrivent à toute vitesse en zodiac. Une équipe efficace avec Delemotte, Bonnici, Delcoutère. Ils apportent un grand filet, des cordages. Les difficultés commencent. Le baleineau doit peser plus de 2 tonnes. Il n'est pas facile à manier et Ted Walker, désespéré, exige qu'on le traite avec la plus grande douceur, tandis que Philippe crie :

— Dépêchez-vous, les gars. Il faut le remettre à l'eau en vitesse. Avec ce soleil il ne va pas survivre longtemps. Il s'agit de faire vite !

Il fallut d'abord rouler la malheureuse victime dans le filet et à six hommes le pousser jusqu'à l'eau. Ce bébé mou dont la chair était chaude opposait à ses sauveteurs une inertie terrible. Mais la peau était douce et souple sous la main.

Il y eut un instant émouvant quand le baleineau frémit de tout son corps en retrouvant son élément, mais il ne flottait pas vraiment. Il coulait et son évent était submergé. Il était maintenant en danger de se noyer.

Il fallut inventer tout un dispositif : fixer un espar au-dessus du filet et installer le baleineau le long du chaland en le suspendant pour qu'il reste à fleur d'eau. Une partie de la journée y passa, sous le soleil écrasant, maintenant haut dans le ciel.

Toute l'équipe alors redoubla d'efforts. Mais le baleineau bien saucissonné vit toujours et respire, son évent bien dégagé au-dessus de la surface. Ted Walker, installé sur le plat-bord du chaland au-dessus de lui le caresse machinalement et lui parle.

A toute petite allure l'embarcation se met en route vers la *Calypso*, sous les supplications du docteur Walker qui demande qu'on aille encore moins vite.

Nos camarades ont d'autant plus d'espoir de rappeler le baleineau à la vie que pendant le début de la matinée le soleil a été voilé, le ciel nuageux. On peut espérer qu'il ne s'est pas complètement déshydraté.

Obligation morale

Cet épisode du baleineau est devenu pour toute l'équipe de la *Calypso* une aventure psychologique, philosophique et pour moi, une sorte d'épreuve personnelle.

La présence de cet animal mourant permettait de mesurer la sensibilité de chacun. Il y avait ceux qui se montraient faussement indifférents et revenaient subrepticement se pencher au-dessus de l'eau pour voir s'il vivait toujours. Ceux qui faisaient de l'anthropomorphisme ou de la sensiblerie, mais ils étaient rares. La *Calypso* est une rude école. Les plus intéressants étaient ceux qui avaient à la fois les réactions les plus saines, les idées les plus ingénieuses et les comportements les plus efficaces. C'est là que j'ai pu mesurer à quel point, lorsqu'on est homme, il est difficile de traiter un animal avec juste ce qu'il faut d'apitoiement.

Certes nous n'étions pas là, trente hommes et un bateau, pour réparer les accidents de la nature en sauvant les animaux de la mort, en luttant

L'équipe a réussi à remettre la victime à flot.

contre la mortalité infantile, qui est d'ailleurs une des sauvegardes de l'équilibre naturel.

Mais le baleineau s'est imposé à nous en dehors de toute considération
raisonnable. Il y avait un animal qui était en train de mourir. Nous l'avons
pris en charge et c'était un peu comme un engagement de notre part :
l'obligation de tout mettre en œuvre pour le sauver.

Pendant les trois jours où il est resté avec nous, l'exaltation n'a pas
cessé de régner sur la *Calypso*. Nos camarades faisaient des quarts de nuit
supplémentaires. Chacun guettait la moindre respiration, le moindre frémissement du baleineau.

Il était tard lorsqu'il a été amené le long du bord et je voulais qu'on
ne le remue pas trop ; je pensais que dans l'eau, soutenu par son filet, il
reviendrait peu à peu à lui. J'espérais surtout, étant donné ce que je sais
des baleines, que sa mère le chercherait, qu'elle entendrait sans doute ses
appels et qu'elle le retrouverait peut-être. C'était pour nous la solution idéale.
Nous aurions lâché le petit. Nous le lui aurions rendu.

Je savais bien que le lagon dans ces parages, vers le chenal d'entrée,
était très fréquenté par les requins à l'affût d'une proie facile comme l'était
notre baleineau. Aussi j'ai institué un tour de garde. Un homme relevé
toutes les deux heures a veillé la nuit durant avec un fusil chargé pour tirer
sur les requins. Il avait mission aussi de surveiller l'état du petit et de
signaler l'arrivée possible de la mère.

Au matin, le baleineau vivait toujours, mais la mère n'était pas venue.

Jonas

Au carré, on lui avait trouvé un nom : « Jonas ». Parce qu'on était
sûr au moins que ce Jonas-là était bien sorti vivant du ventre d'une baleine.

Il semblait aller mieux, il avait les yeux ouverts. Peu à peu le regard
qui était vitreux s'est éclairé, s'est animé. Il nous a regardés.

Il fallait absolument le nourrir. J'ai compris alors quelle terrible
charge nous avions assumée. Je me sentais responsable, du moment que
nous avions décidé de le prendre à bord, de l'enlever de son banc de sable.
Comment nourrir cette masse de 2 tonnes de chair ? Ted Walker s'est mis
à confectionner une purée avec tout le lait condensé du bord, de la farine,
du sucre, des coquillages écrasés, des vitamines. Il s'agissait de lui faire
avaler cette bouillie.

Toujours dans l'eau, la tête un peu dégagée de son filet, Jonas a vu approcher le docteur Walker sans trop de surprise. Il a ouvert la gueule quand Ted, glissant sa main entre les lèvres, a tenté de lui faire absorber sa pâtée. Mais cette nourriture ne passait pas. Tout retombait à la mer.

Nous avons alors essayé une autre méthode : avec un entonnoir et un tuyau nous avons fabriqué un grand biberon pour baleineau et nous y avons mis une nourriture plus liquide. Jonas n'avalait toujours pas.

« Il m'aime ! »

Finalement c'est Ted qui a pensé que Jonas était peut-être en âge de manger de la viande et il a fait confectionner par tous les hommes de bonne volonté une purée de clams et de calmars. A la main, bouchée par bouchée, il la lui a mise dans la gueule.

Pour accueillir la main de Ted, Jonas mettait sa langue en gouttière — une langue énorme — comme pour téter et il ne voulait plus lâcher la main du docteur Walker qui criait, au comble de l'émotion, les larmes aux yeux :

— Il a compris que nous voulions le nourrir... Il comprend... Il m'aime...

Ted, après avoir étudié ces animaux toute sa vie, les avoir aimés de loin, les touchait pour la première fois et était bouleversé par cette espèce d'appel au secours du baleineau. J'ai fait arrêter la caméra et le son, car je pensais que c'était trop indiscret de laisser voir l'émotion de ce vieux chercheur.

Nous avons réussi après une journée d'efforts à faire avaler au baleineau une dizaine de kilos de purée de mollusques. C'était peu. Et pour arriver à ce résultat, il avait fallu que quatre plongeurs aillent gratter les fonds de la lagune à la recherche des coquillages.

Toute la vie à bord tournait autour du baleineau. Il n'y avait plus ni repas à heure fixe ni travail régulier. Tout le monde se groupait autour de Ted Walker qui savait tant de choses sur les baleines et chacun était prêt à lui fournir tout ce qui paraîtrait utile pour sauver Jonas. Chacun aussi, selon son tempérament ou ses connaissances, se creusait la tête pour chercher ce qu'on pouvait faire pour aider le baleineau, pour le maintenir en vie.

Il faut bien reconnaître que nous étions mal armés pour ce genre de sauvetage. Ce que nous avions — en dehors des mollusques — était fait

Le baleineau a été mis à couple avec le chaland qui l'emmène très lentement vers la *Calypso*.

Sur la plage arrière on examine la blessure que lui ont faite les oiseaux.

Soutenu par un espar, il est hissé à bord.

pour nourrir les hommes et pas les baleineaux. Dès le lendemain, ce problème se posait cruellement. Pourtant Jonas paraissait avoir repris un peu de force. Je crois sérieusement que tout au long de ces jours si bien remplis, il a fait avec bonne foi un effort pour nous aider, pour revenir à la vie.

Lorsque Ted le nourrissait, il refusait de lâcher sa main qu'il tenait serrée dans sa gueule — simple réflexe ou « marque d'affection » comme voulait le croire Ted.

Il lui aurait surtout fallu un bassin assez grand, où on aurait pu le soigner. Dans une station zoologique bien équipée, par exemple, où l'on aurait disposé d'une importante réserve de médicaments pour baleines et où des vétérinaires et des soigneurs auraient pu s'occuper de lui.

J'ai réussi à avoir au téléphone le zoo marin de San Diego qui s'est déclaré prêt à recevoir notre protégé. Mais il fallait arriver jusque-là. Aussi vite que possible. Et que ferions-nous du baleineau pendant le trajet ? Jamais il ne supporterait d'être remorqué, même doucement.

Un harnais

Ted Walker décida qu'on commencerait en tout cas par panser ses blessures à la tête qui n'avaient pas bon aspect.

Maurice et Henri avaient eu l'idée de confectionner avec les moyens du bord une sangle avec laquelle Jonas serait plus à l'aise que dans son filet. S'il reprenait des forces, il aurait ainsi une plus grande liberté de mouvements. Pour lui passer ce harnais il n'y avait pas d'autre manière de procéder que de hisser ses 2 tonnes sur la plage arrière de la *Calypso*. Il fut décidé qu'on en profiterait pour soigner ses plaies.

Mais une baleine sortie de l'eau peut se « casser » sous son propre poids. Pour hisser Jonas il fallait le soutenir dans un appareil rigide. C'est finalement un véritable brancard qui fut aménagé. La puissante grue hydraulique de la *Calypso* enleva Jonas hors de l'eau et le déposa avec d'infinies précautions sur la plage arrière.

Ted Walker se précipita.

Les lèvres fragiles qui protègent les fanons avaient été lacérées par les oiseaux. D'autres plaies existaient au voisinage de l'évent. Le docteur Walker guettait le rythme respiratoire, tentait d'écouter le cœur avec un stéthoscope, mais la couche de lard était trop épaisse pour qu'on puisse entendre le cœur.

On avait mélangé un antibiotique à une graisse au silicone. Ted en enduisit toutes les blessures de Jonas.

Là, sur la *Calypso,* cette présence d'un animal mourant s'imposait à tous avec une insistance à laquelle on ne pouvait pas se dérober. On l'entendait respirer. On sentait la vie sous cette peau. On sentait la chaleur rayonner de son corps — un animal à sang chaud comme nous. Peu importe qu'il s'agisse hors de l'eau d'une espèce de sac d'os. Nous savions que dans la mer une baleine peut être merveilleuse de grâce et de souplesse. Tous les plongeurs du bord songeaient aux évolutions de ces animaux si beaux, si imposants à voir dans la mer.

Loin de représenter une masse étrangère, anonyme, Jonas apparaissait comme un animal familier, un pauvre chien qu'on aime et qui vient d'être victime d'un accident. Car il y avait aussi dans cette histoire une nuance dramatique : c'était un fait divers de la mer dont nous avions ramassé la victime sur la plage.

L'évent

Dans ces moments-là, nous ne nous sommes absolument pas demandé s'il y avait entre les hommes et les baleines une impossibilité de communiquer, un fossé d'incompréhension qui tenait à des formes de vie, à des sens complètement différents. Nous étions sensibles avant tout à la nécessité et à l'urgence de sauver une vie.

On peut dire que Jonas s'appliquait à nous émouvoir. Son aspect le plus pathétique tenait à cet évent par lequel il respirait et dont les lèvres remuaient. Il passait par là un souffle vital. Le souffle d'une baleine, c'est, amplifié, le souffle d'un homme. C'est une manifestation de vie autrement émouvante que toutes les réactions des poissons dont on se demande toujours ce qu'ils ressentent.

Quand les blessures furent soignées, très doucement Jonas fut placé dans son harnais et redescendu à la mer contre le flanc de la *Calypso.* Jamais le bosco n'avait manœuvré la grue avec tant de précaution.

Le baleineau replongé dans l'eau s'ébroua et, comme pour nous rassurer et nous manifester sa reconnaissance, il battit plusieurs fois de la queue. Sa nouvelle sangle lui laissait beaucoup plus d'aisance.

A la fin de ce jour-là, Ted Walker semblait persuadé que nous allions le sauver. Mais comment pourrions-nous le transporter jusqu'à San Diego ? Je songeais à un transport par hydravion... Je regardais notre protégé qui

Le baleineau semble ne plus donner signe de vie.

A gauche : Ted Walker administre les premiers soins.

Ted Walker lui ouvre la gueule dans l'espoir de l'alimenter.

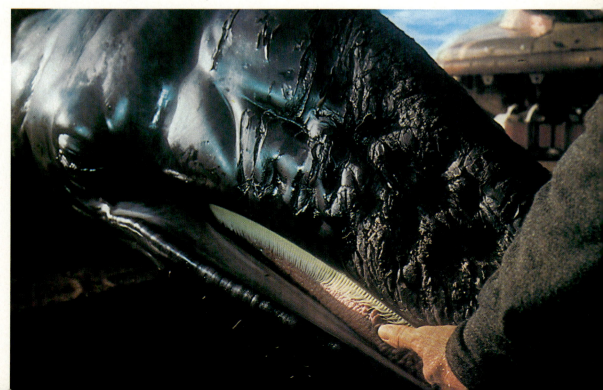

visiblement se ranimait. Pourtant j'ai remarqué qu'il avait du mal à garder son équilibre dans le léger courant de marée qui glissait le long du bord.

Jamais le paysage ne m'avait paru plus insolite. A la fois immobile, désert, empreint de tristesse, hors du monde. C'était le décor qui convenait à ce captif agonisant pour lequel nous ne pouvions plus rien et que nous avions adopté, poussés par un sentimentalisme que toute cette nature muette et impitoyable répudiait.

Encore une nuit de veille

Le jeune orphelin luttait de son mieux pour la vie. Nous avions fait tout ce qui était en notre pouvoir. J'ai voulu qu'au moins il ne soit pas victime des tueurs qui rôdaient dans la mer. Cette nuit-là encore les hommes

Ted Walker prend les mensurations de l'animal.

se sont relayés pour veiller avec un fusil, au-dessus du baleineau, fouillant du regard les profondeurs.

A 3 heures du matin, je me suis relevé pour aller le voir. Il vivait. Tout paraissait calme.

A 5 heures, Canoé, qui était de garde, a été réveiller Caillart, notre capitaine, qui s'est aussitôt rendu sur la plage arrière. Le baleineau roulait sur le dos et semblait avoir du mal à respirer.

Canoé est venu réveiller Ted qui est allé voir. Jonas avait cessé de vivre. Les pélicans s'éveillaient, tournaient dans le soleil et allaient se poser au pied des dunes roses.

Tout le monde à bord, comme éveillé par un mystérieux signal, se groupait sur la plage arrière. L'épisode du baleineau aura décidément joué un grand rôle dans l'histoire de la *Calypso*. Pour ces hommes, en majorité très jeunes, Jonas aura incarné le grand mystère de la vie et de la mort. Il était une de ces formes merveilleuses que la nature sacrifie avec une

Il le traite avec une affectueuse sollicitude. L'œil reste fermé.

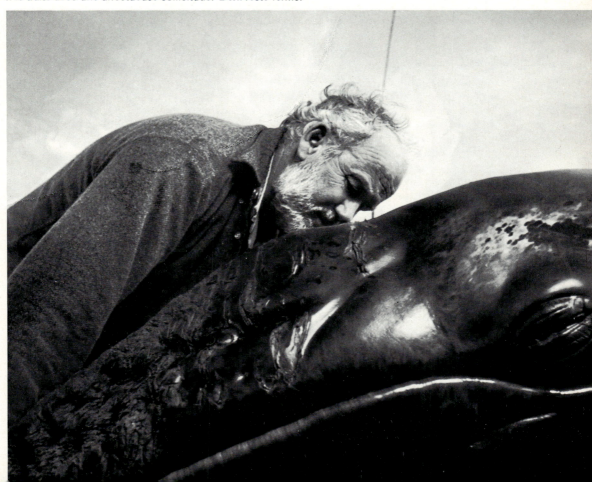

A gauche :
Ted Walker, suspendu à la grue, va tenter de nourrir le baleineau qui a été remis à l'eau.

A droite :
Ted Walker ouvre de force la mâchoire du baleineau.

A gauche :
Un entonnoir et un tuyau de caoutchouc font fonction de biberon.

A droite :
Jonas ne veut plus lâcher la main de Ted Walker.

Jean-Clair Riant compose avec toutes les ressources du bord la pâtée de Jonas.

Vaine tentative pour écouter les battements du cœur du baleineau au stéthoscope.

Le baleineau vient de mourir.

... Ted Walker et Jacques Renoir ne cachent pas leur tristesse.

indifférence qui révolte l'homme. Nous avons vu périr beaucoup de grands animaux marins, mais aucune mort n'aura finalement ému l'équipe comme la lente agonie du baleineau qui ne voulait pas mourir. Nous avons voulu le sauver. C'était une réaction d'homme. Il n'y a pas de place pour la pitié dans la vie de la mer.

Comme à l'issue de beaucoup d'agonies difficiles, chez les humains, la mort du baleineau nous délivra d'une espèce d'envoûtement, de fascination. La *Calypso* reprenait sa vie dramatiquement interrompue.

Le corps du bébé fut remorqué par le chaland et immergé en eau profonde avec un lest. On lui a laissé le harnais confectionné pour lui.

Nous n'avons pas voulu savoir ce que fut la curée des requins autour de son cadavre.

Sortant de notre rêve, nous avons constaté que l'exode des baleines du désert était déjà bien avancé sans même que nous nous en apercevions.

Elles reviendront chaque année et pendant des siècles encore, elles vivront, entre ces dunes rousses et grises, les heures capitales de leur existence : celles où elles connaissent l'amour, où elles donnent la vie, où elles entrent dans la mort, ces banalités dramatiques de la nature.

De tout cela, nous avons été les témoins respectueux, et souvent stupéfaits. Ce grand cycle de la vie et de la mort, lorsqu'il s'incarne dans ces géants, offre un aspect grandiose. Ces animaux de plus de 15 mètres de long, avec leurs 40 ou 50 tonnes de chair et qui ne sont pas à l'échelle humaine, respirent, aiment et souffrent comme nous. C'est une vie à la fois immense et secrète à laquelle nous nous sommes mêlés.

La grande aventure des baleines grises pourra-t-elle se prolonger longtemps encore dans le monde moderne ? Certes, elles sont protégées et elles n'ont plus à redouter les massacres du XIX⁰ siècle. Mais leur asile de Basse-Californie restera-t-il toujours désert ? Et cette baie méritera-t-elle encore le beau nom qui lui a été donné : baie de la Solitude — une solitude peuplée de baleines heureuses.

les plus forts,
les plus intelligents :
les orques

L'ENNEMI PUBLIC N° 1 — UNE HEURE ET DEMIE DE POURSUITE
A MALIN MALIN ET DEMI — EMBUSCADE — PREMIÈRE CAPTURE
EN PROMENADE — PLUS INTELLIGENTS QUE LES DAUPHINS
UNE GRANDE AFFECTION — UN AIR DE GUITARE

Entre l'énormité du cachalot ou de la baleine et la sveltesse du dauphin, il existe toute une gamme d'animaux de taille intermédiaire qui sont également des mammifères marins d'un psychisme élevé et physiologiquement voisins de nous. Tous émettent des sons qui semblent avoir une signification. Citons les globicéphales (pilot whales en anglais), les orques (killer whales) et l'hyperoodon que les Américains appellent « bottlenose » et pour lequel il n'existe pas de nom français convenable. On le qualifie parfois de « baleine à bec ». Ce terme est à proscrire. Ce n'est pas une baleine, mais un cétacé à dents, bien plutôt apparenté aux dauphins.

Leurs dimensions, relativement plus faibles, rendent ces animaux plus approchables par l'homme que les baleines ou les cachalots qui, malgré toute leur gentillesse, ont parfois des réactions un peu rudes.

Jusqu'à une date toute récente, ces cétacés de taille moyenne étaient très mal connus. On ignorait presque tout de leur comportement, de leur niveau psychique, de leur sociabilité. Les préjugés des terriens et des chasseurs de baleines avaient même fait à certains d'entre eux une réputation effroyable : aux orques par exemple, ainsi qu'en témoigne le surnom anglais de « killer whales », qu'il ne faut pas traduire par baleine tueuse, mais

Un orque de huit mètres de long : on distingue très bien l'évent au sommet de la tête.

Les dauphins poursuivis par le zodiac ont recours à de multiples ruses.

cétacé tueur. L'orque, en effet, ne pourrait tuer personne avec des fanons, mais il a une denture terrible de quelque vingt à vingt-huit dents.

Au cours des croisières de la *Calypso,* nous avons rencontré assez fréquemment des globicéphales et des orques.

En mer Rouge, alors que la *Calypso* était mouillée à proximité d'un récif, les plongeurs ont signalé un troupeau de globicéphales qui semblaient jouer très près du bateau. Michel Deloire s'est mis à l'eau aussitôt avec une caméra. Mais il n'a pu tourner qu'une séquence très brève. Au fur et à mesure qu'il avançait au milieu du groupe, les animaux s'écartaient et ils allaient se rassembler plus loin, par fond d'une quarantaine de mètres. Nous avons pensé qu'ils étaient à la période des amours et qu'ils se livraient à des jeux prénuptiaux au cours desquels nous les dérangions.

Lorsque nous revenions de l'expédition consacrée aux loutres de mer, la *Calypso* a croisé un banc de globicéphaless à mi-chemin entre les îles Aléoutiennes et Anchorage. Ils étaient bien reconnaissables à leur tête très ronde qui évoque un ballon de football, à leur couleur marron foncé, mais uniforme, contrairement à l'orque qui est marqué de larges taches blanches.

Ceux-là se montrèrent moins farouches que ceux que nous avions vus en mer Rouge. Ils restaient en surface et lorsque la *Calypso* se dirigeait vers eux, ils s'écartaient sans hâte. Les plus grands devaient atteindre 5 ou 6 mètres de long, alors que le maximum est de 8 mètres. Ce troupeau-là comprenait une vingtaine d'individus, mais il en est de bien plus nombreux : plusieurs centaines d'animaux.

Ce sont des harems : comme les cachalots, les mâles globicéphales sont polygames. La maturité est tardive : six ans chez les femelles, treize ans chez les mâles.

Ces migrateurs suivent aveuglément leur guide, ce qui leur joue souvent de mauvais tours. Il est arrivé qu'un globicéphale effrayé se jette à la côte, tout le troupeau à sa suite s'échoue et peut périr ainsi.

Ils se nourrissent de seiches et de calmars. La fameuse nuit où nous avons filmé, dans le Pacifique, au large de Santa Catalina, les amours des calmars, des globicéphales tournaient autour de cet énorme rassemblement de céphalopodes (1). Mais la présence des plongeurs, les lampes qui trouaient la nuit marine pour éclairer les calmars en folie ont tenu les globicéphales à distance : toute la nuit, ils sont restés autour de la *Calypso* se hasardant de temps à autre à prélever quelques bouchées sur le banc des calmars. Ce sont des animaux craintifs, alors que les requins se lançaient au milieu des plongeurs et avalaient à pleine gueule les céphalopodes.

L'ennemi public n° 1

En 1967, dans l'océan Indien, nous avons rencontré des orques. Nous les craignions beaucoup. Beaucoup plus qu'ils ne le méritaient. A cette époque-là, leur comportement en captivité ou semi-captivité n'était pas encore connu. Nous considérions l'orque comme l'animal le plus redoutable de la mer, l'ennemi de toutes les créatures marines existantes, plongeurs compris. Il représentait à nos yeux le danger le plus grand que nous pouvions rencontrer. Il nous paraissait beaucoup plus à craindre que le requin, parce que nous le savions intelligent (2).

Animal social, l'orque se déplace et attaque en groupe. Lorsque nous repérions ces bandes d'orques, nous pouvions constater que la terreur régnait dans la mer.

12 avril. Le soir vers 17 heures 30, on signale des petits dauphins, les « dauphinquinas » inapprochables. Bébert, Bonnici et Barsky sautent dans le zodiac et les pourchassent sans succès jusqu'à la tombée de la nuit. Les ruses employées par ces dauphins-là sont inimaginables : ils se séparent d'abord en deux groupes. Celui des deux qui est poursuivi se divise encore

(1) Sous le titre « la Nuit des calmars », un film a été diffusé par la télévision mondiale dans la série « l'Odyssée sous-marine de l'équipe Cousteau ». Poulpes et calmars feront l'objet de notre prochain livre.
(2) L'intelligence du requin serait comparable à celle du rat, ce qui est déjà appréciable.

en deux. Quand une équipe de dauphins commence à se fatiguer, une autre bien reposée prend le relais, tandis que le groupe poursuivi se dérobe en plongée.

Quand un dauphin traqué est isolé, il commence par feinter très régulièrement, une fois à droite, une fois à gauche, puis quand le bateau s'est habitué à ce rythme, il change brusquement, soit en plongeant, soit en n'effectuant plus que de faibles crochets.

Je pense que ce comportement, différent de celui que nous connaissons chez l'ami de l'homme, toujours prêt à venir jouer devant l'étrave, est dû à la présence des orques dans les parages. Les tactiques si subtiles qu'ils appliquent à notre zodiac ont été sans doute mises au point par eux pour échapper aux meutes des « killer whales ».

Je crois pouvoir dire que les dauphins et les baleines sont presque toujours suivis par des meutes de requins qui absorbent les restes de leurs repas et éventuellement s'attaquent aux jeunes, aux nouveau-nés, aux malades. Quant aux orques, ils doivent faire le vide autour d'eux, massacrant les imprudents, qui oseraient rivaliser avec eux dans le rôle de nécrophages.

A chaque rencontre nous avons pourtant tenté de les approcher. Nous avons utilisé la tactique mise au point avec les cachalots, lancer en zodiac un harponneur et un cameraman prêt à se jeter à l'eau.

Voici le récit rédigé le jour même d'une extraordinaire lutte de vitesse qui s'est déroulée dans l'océan Indien.

Une heure et demie de poursuite

12 avril. Au moment où je réveille Simone, la cloche sonne. Alerte ! Cavalcades dans la descente et les coursives. Zodiac à la mer ! De là-haut, l'identification ne fait aucun doute : des orques, des vrais : des killer whales !

Ils sont bien reconnaissables à leurs taches blanches derrière l'œil et sur le ventre et aussi à leur aileron triangulaire. L'enthousiasme se propage à bord tout au long des coursives. Il est très tôt, la matinée est splendide. C'est une journée qui s'annonce bien.

Comme d'habitude, ils s'avèrent très intelligents et très méfiants. Le troupeau comporte un énorme mâle pesant certainement plusieurs tonnes, et dont l'immense aileron dorsal domine tous les autres, comme le fanion du chef. Un autre aileron juste un peu plus petit doit être celui d'un adolescent, sans doute le fils du chef, qui tôt ou tard se battra contre son père

Un banc d'orques photographié par le Dr Millet au détroit de Béring.

pour lui ravir le harem. Je pense à certains cheiks d'Arabie qui se succèdent par parricide.

Puis, huit ou neuf adultes, entre 700 kilos et une tonne, et une demi-douzaine de jeunes.

Comme le troupeau que nous avions poursuivi en vain au sud de Socotra en 1955, ce groupe d'orques cherche à nous fuir, obéissant avec ensemble aux ordres de leur leader. Ils refusent de jouer avec les machines des hommes. Et la *Calypso* n'est pas assez rapide pour prétendre les rattraper.

Bébert et Bonnici partent en zodiac avec un puissant moteur de 33 CV. Nous suivons d'assez loin la chasse vraiment passionnante. Vers 9 heures, après une heure et demie de poursuite endiablée à 15 ou 20 nœuds, entre-coupée de feintes et de ruses, Bonnici voit une masse noire et blanche faire surface juste le long du zodiac. Il lance son harpon : mouche. L'animal entraîne la grosse bouée rouge, d'abord très vite. Un orque peut dépasser les 30 nœuds : 55 kilomètres à l'heure. Mais ces animaux très bien profilés ont un appareil moteur taillé pour la vitesse et non pour le remorquage et

L'impressionnante nageoire dorsale d'un orque.

une résistance modérée, comme celle de notre bouée, suffit à faire tomber leur vitesse de moitié. Le gros troupeau ralentit pendant dix minutes environ pour laisser à l'animal une chance de les rattraper. Puis le chef décide qu'il a assez attendu et le troupeau s'enfuit. Miséricordieux, Bonnici coupe la corde de la bouée, le harpon du modèle léger se détachera tout seul. L'orque repart de toute sa vitesse.

Ils n'attaquent pas

La scène s'est renouvelée trois jours plus tard.

15 avril. A 8 heures du matin, alerte. Le zodiac part. Ce sont des dauphins inapprochables.

Puis Simone aperçoit des globicéphales. Nous ralentissons, mais le zodiac est lent à démarrer à cause de la ligne spéciale qui n'est pas adaptée. Enfin on assiste à une poursuite sérieuse, mais abandonnée... plus de deux heures après ! Contre toute logique, les globicéphales au lieu de se laisser paisiblement approcher, fuient avec toutes les frayeurs et les ruses dont ils sont capables. Qu'ont-ils donc ? C'est la première fois que nous rencontrons des « globiquinas ».

Un grand requin fonce vers notre arrière. Nous ralentissons, mais il fuit.

Après le déjeuner nous manœuvrons pour rattraper des dauphins qui s'avèrent eux aussi inapprochables. Depuis trois jours, tout ce que nous voyons s'enfuit, terrorisé. Que se passe-t-il ? Des Japonais sont-ils venus exterminer les mammifères dans ce secteur ? A la réflexion, nous rejetons cette hypothèse : nous voyons *beaucoup* d'animaux. Ils ne sont pas exterminés, ils sont *terrorisés.*

Nous pensons que la peur s'est installée dans la mer depuis notre rencontre avec les orques le 12 avril. Des orques, bêtes en général rares et terribles, sévissent-ils en nombre dans la région ? Cette hypothèse va être confirmée d'une manière éclatante.

En fin de soirée, un banc d'orques est en vue. Le zodiac part et une chasse passionnante s'engage. Elle dure jusqu'à la nuit tombée.

Le troupeau d'orques se compose d'un mâle énorme (au moins 3 tonnes, 8 à 10 mètres de long, aileron dorsal de 1,40 mètre de haut), d'une femelle énorme, presque aussi grosse que le mâle mais à l'aileron beaucoup plus modeste, de sept ou huit femelles moyennes (de la taille de celle que nous avons harponnée le 12 avril) et de six ou huit bébés. Ce n'est pas le même banc que celui du 12 avril puisqu'il n'y a pas, cette fois-ci, de mâle adolescent. Mais le nombre est à peu près le même. Ces bancs sont donc des harems nomades avec un seul seigneur et maître. Cela suppose l'élimination de la plupart des mâles, tués au combat ou contraints de quitter le groupe, ce qui équivaut presque certainement à une condamnation à mort car je ne crois pas qu'un orque puisse trouver seul sa nourriture.

Pendant deux heures, le zodiac les poursuit, parfois radioguidé par les veilleurs dans la mâture de la *Calypso*. De notre plate-forme élevée, rien ne nous échappe. C'est passionnant.

Au début, les orques sont très sûrs d'eux, ils plongent trois ou quatre minutes et reparaissent à un demi-mille de là. Cela suffirait en effet à déjouer toute attaque d'animal marin et toute attaque de baleinier classique. Mais le zodiac, par mer d'huile et avec le moteur de 33 CV fait 20 nœuds et tourne dans un mouchoir de poche. Quand les orques font surface et s'oxygènent les poumons, quelques instants après, ils entendent à nouveau le bruit de guêpe du zodiac et cela finit par les exaspérer. La fatigue aidant, ils ne restent plus en plongée que deux ou trois minutes et accélèrent leur nage. Le zodiac est toujours là. Ils déploient alors toutes leurs ruses : feintes à 90°, alternées puis non alternées, puis feintes à 180°. Enfin le grand jeu : le mâle reste visible, fait route à 15 ou 20 nœuds, sautant parfois hors de l'eau, accompagné seulement de la grosse femelle, afin d'égarer le zodiac sur une fausse piste alors que le reste de la famille s'éloigne à 180°. Puis, quand le zodiac est à un mille du troupeau, mais près du mâle, celui-ci disparaît pour longtemps : sous l'eau, guidé par les appels des siens, il nage à coup sûr dans leur direction. La *Calypso*, elle, n'a pas perdu de vue le gros du troupeau et hop ! voilà le mâle qui refait surface au milieu du groupe, sûr d'avoir fait son devoir et de nous avoir joué un bon tour. Et nous sommes à côté de lui.

Cette poursuite nous apprend beaucoup sur les orques, et permet à Barsky de faire de très belles (et de très rares) prises de vue. Mais c'est tout de même un échec car nous voulions marquer le gros mâle avec une piqûre inoffensive, et le harpon mince lancé par une arbalète est dévié de sa course et frappe à plat. Par cinq fois Bébert tire à bout portant sur le mâle, cinq fois le harpon se met en travers. Nous abandonnerons ce système.

Au cours de la poursuite, le zodiac, à 15 ou 20 nœuds, passe sur le dos d'un orque qui crève la surface : le zodiac décolle, tout le monde se casse la figure et la caméra, toujours en marche, saute en l'air et retombe dans le zodiac. Ce sera curieux à voir.

Autre remarque : ces bêtes certainement féroces, terriblement puissantes, très intelligentes et, aujourd'hui légitimement furieuses contre le

La pose des filets dans le détroit Juan de Fuca, près de Seattle.

En haut à droite :
L'orque albinos du détroit Juan de Fuca.

En bas à droite :
L'orque montre une impressionnante rangée de dents.

Deux orques, dont un albinos, dans les filets.

zodiac, *n'attaquent pas* cette frêle embarcation qui les énerve, et qui est bien plus petite qu'eux. S'ils voulaient, ils ne feraient qu'une bouchée de Bébert, Maurice et Barsky ! Mais non. Bébert me dit au retour :

— J'y ai pensé, mais j'ai bien senti qu'ils ne le feraient pas...

Embuscade

Dans les lagons de Basse-Californie, où nous avons passé trois mois en compagnie des baleines grises, nous n'avons jamais vu d'orques. Le grand aileron triangulaire qui fend la surface les rend bien faciles à repérer. Leur absence nous a étonnés car, comme les baleiniers, ils auraient pu faire des carnages. Et pourtant, nous avons repéré des orques embusqués juste à l'entrée du lagon, à l'ouvert du chenal. Manifestement ils attendent baleines et baleineaux à la sortie. Comme le font d'ailleurs les requins. De la surface et en eau trouble, ils étaient peu visibles, mais d'avion on les distinguait bien. Et Philippe, lui aussi, les a aperçus du haut de son ballon à air chaud.

Certains plongeurs ont prétendu qu'une baleine mâle installée dans la passe en défendait l'entrée aux orques.

On pourrait dire avec plus de vraisemblance que les orques, qui sont des animaux de meute, répugnent à s'engager dans ce lagon encombré, sans profondeur, où la place manque pour manœuvrer. Leur supériorité sur les baleines tient uniquement à une stratégie de groupe qui doit se trouver en défaut dans un espace resserré et obstrué de bancs de sable.

L'orque est un adversaire redoutable. Il est capable de descendre à plus de 300 mètres de fond et de rester en plongée vingt minutes. Sa vision est d'ailleurs bien meilleure que celle de la baleine dont il n'a pas l'œil minuscule. Il y voit aussi bien dans l'air que dans l'eau. Il aurait l'acuité visuelle d'un chat.

Il est, avec l'homme, le grand, l'unique ennemi de la baleine. Il l'attaque en groupe, tente de l'isoler, et il vient quelquefois à bout de son énorme masse, alors qu'attaquant seul il n'aurait aucune chance contre la puissance et les terribles coups de battoir de sa queue.

L'attaque est toujours concertée, inspirée par une tactique astucieuse. Certains orques mordent la baleine au ventre, dans les parties génitales et ne lâchent plus, lui infligeant d'atroces douleurs. D'autres réussissent à lui ouvrir la gueule et saisissent sa langue, morceau de choix ; c'est une lutte atroce et sauvage où les orques sont toujours vainqueurs. Ils ont pour eux le nombre. Pour les décourager, les baleines adoptent une tactique défensive en formant un cercle et en frappant de leur queue. Les orques choisissent

Ron Church, le photographe de
l'équipe.

de préférence pour victime un baleineau ou un jeune et montent contre la
mère une attaque de diversion.

Ils s'en prennent à bien des animaux : les calmars, les éléphants de
mer, les phoques, les narvals et même les dauphins qui pourtant imposent
leur loi aux requins.

Ils s'attaquent de préférence aux animaux marins à sang chaud mais
ne dédaignent ni les saumons ni les thons.

Des témoignages dont je ne garantis pas l'exactitude rapportent qu'une
vingtaine d'orques ont été vus encerclant un groupe d'une centaine de
dauphins, en serrant peu à peu leur ronde. Un seul s'est jeté au milieu
d'eux et en a tué un tandis que les autres continuaient d'emprisonner le
troupeau. Puis chacun à son tour s'est lancé à l'assaut, égorgeant sa victime.
La mer était rouge de sang (1).

Presque tous les récits concernant les orques sont exagérés. Tout
compte fait, ces animaux intelligents et puissants sont rares dans la mer.
Ils ne sont pas parvenus à régner sur l'océan.

On en est sûr aujourd'hui, il n'y a pas de cétacé mangeur d'hommes.

(1) Rapporté dans « Home is the Sea for Whales » par Sarah R. Riedman et Elton T.
    Gustafson.

Un plongeur donne à manger à un orque
du détroit Juan de Fuca.

taille et les promenaient en les poussant légèrement. Ils ne bougeaient pas. On leur faisait reconnaître un à un les murs de leur bassin et on les accompagnait tout autour. Peu à peu, ils se déplaçaient d'eux-mêmes, mais ils n'acceptaient pas de manger.

On leur a offert une pâtée à base de harengs et de lait, des vitamines. On leur a ouvert la gueule avec deux balais et on leur a enfourné la pâtée. Mais les orques mettaient toujours leur langue en travers. Les soigneurs ont essayé de tenir la langue avec le bras et de placer un tuyau dans la gorge. Mais ils n'ont pas réussi à les nourrir de force. Ils savaient que les orques n'avalent pas un poisson entier. Ils le coupent en deux et ils laissent le reste, en fait ils mordent. Ce sont des carnassiers. Ce coup de dent fait du bruit dans la mer. Dès qu'un orque entend ce bruit, il se précipite et il mange le reste du poisson.

Les orques du détroit Juan de Fuca, au crépuscule.

— Nous étions sûrs, raconte Brown, qui si un orque mangeait, les autres mangeraient aussi.

« Nous avons tenté l'expérience d'abord avec un jeune. Nous avons frotté un hareng sur ses lèvres, nous l'avons introduit dans sa gueule et nous l'avons retiré. Il a fait exactement comme aurait fait un chien, il a mordu le poisson en s'apercevant qu'on le lui enlevait. On a tiré de plus en plus fort. Il a donné un bon coup de dents ; les autres ont entendu le « crunch » et sont venus manger. »

Les orques forment des familles très unies. Il ne naît en général qu'un seul petit. L'amour maternel paraît très développé. Lorsqu'une femelle a peur pour son petit, elle vient tout près de lui et elle lui parle.

Les témoignages apparemment sûrs abondent à ce sujet. Une mère qui était mortellement blessée a tourné pendant plus d'une heure autour

Louis Prézelin, en compagnie de Serge Foulon, joue de la guitare pour les orques qui s'y montrent sensibles.

de son petit pour le protéger jusqu'à ce qu'elle meure. Une autre femelle a erré pendant trois jours près de l'île Hat dans le Puget Sound après que son petit fut tué.

Il s'est produit à Seattle et à Vancouver plusieurs accouplements en captivité qu'il a été possible d'observer. Les animaux se placent poitrine contre poitrine, après s'être longuement caressés. Le sexe du mâle mesure plus d'un mètre. La gestation dure de treize à seize mois.

La vie sexuelle des orques semble être particulièrement intense et elle n'exclut pas un puissant attrait pour les humains. Notre ami Jerry Brown l'a appris à ses dépens.

— Depuis un an, dit-il, un orque femelle était dans son bassin pour apprendre tous les tours habituels et un jour où l'eau était particulièrement claire, j'ai voulu prendre des photos sous-marines en plongée. Cette femelle qui s'appelait Shamoo est venue tout de suite à ma rencontre, elle m'a coincé contre le mur et s'est frottée contre moi. J'ai dû demander à un ami de jeter des harengs à l'autre bout du bassin pour me dégager, mais Shamoo ne voulait pas me quitter. Je suis resté prisonnier pendant près d'une heure et demie.

La peau des orques est particulièrement douce. Entre eux, tout en nageant, ils cherchent à rester en contact, à glisser l'un contre l'autre. Ce sont des préludes amoureux.

Ces animaux éprouvent un grand attrait sexuel pour les humains. Ils distinguent fort bien les hommes et les femmes.

De l'avis de tous ceux qui les connaissent et d'abord de l'U.S. Navy qui les a mis à l'entraînement, les orques sont encore plus intelligents que les dauphins : ils comprennent et apprennent deux fois plus rapidement.

Concerto pour orques

Une équipe de la *Calypso,* composée de notre photographe Ron Church, d'André Laban et de Louis Prézelin, est allée rendre visite aux orques de Griffin et de G. Brown dans le détroit Juan de Fuca, près de Seattle. Le doyen des orques apprivoisés vit là en captivité, depuis cinq ans déjà.

Prézelin avait emporté sa guitare et il a joué ses meilleurs airs au bord de l'eau. Les orques sont venus l'écouter et ont témoigné leur satisfaction en lançant sur le guitariste les jets de leurs évents.

Nos camarades ont tenté de faire chanter les orques en mesure, Prézelin les accompagnant à la guitare. Il est indéniable que ces animaux sont sensibles à la musique et qu'on peut obtenir d'eux de l'attention et de la patience en choisissant avec discernement les airs qu'on leur joue.

Dans l'eau, ils ont épuisé pour nos plongeurs et nos cinéastes tout leur répertoire de tours, de loopings et d'exercices de souplesse. C'est au cours de cette séance qu'ont été prises les photographies qui illustrent ces pages et où l'on peut voir Jerry Brown et Louis Prézelin leur donnant à manger à la main.

Les amies de Falco

Albert Falco, après avoir poursuivi beaucoup d'orques en pleine mer à bord des zodiacs, a souhaité avoir avec eux des rapports plus tranquilles. Il est allé rendre visite aux deux femelles que possède le Marine World de Californie.

L'une et l'autre étaient très sensibles aux sons qui étaient émis par un haut-parleur au-dessus de leur bassin. Il s'agissait du dialogue qui s'était engagé entre elles et leurs compagnons au moment où elles avaient été capturées. Ce dialogue, composé de cliquetis et de trilles, avait été enregistré et leur était retransmis. Visiblement les prisonnières en étaient très émues. Elles parcouraient leur bassin à vive allure, mais revenaient toujours se poster à proximité du haut-parleur en lançant des signaux sonores de toute espèce.

Falco a passé un long moment à nager avec la femelle orque qui se nommait Clyde. Il lui a fait quelques niches qui consistaient par exemple à lui présenter un poisson, puis au moment où elle allait l'attraper, à interposer une mince planche. Clyde a aussitôt fait demi-tour, son sonar l'avertissant qu'il y avait un obstacle.

Le langage des orques comme celui des dauphins nous demeure impénétrable, malgré les efforts d'interprétation tentés par le Dr Lilly et bien d'autres chercheurs. Du moins nous savons désormais qu'il y a là une énigme à résoudre, peut-être l'une des plus passionnantes qui s'offre à nous. Il n'est pas impossible que l'orque, encore mieux doué que le dauphin, nous permette un jour d'établir la première communication entre l'espèce animale et l'espèce humaine. Quelle promesse !

conclusion

le temps du respect

UN EXPLOIT DE DELEMOTTE — UN ÉVÉNEMENT HISTORIQUE
MEURTRIERS ET VICTIMES — LA FIN DU MALENTENDU
TOUJOURS EN DANGER — UN RAPPROCHEMENT
LA POLLUTION — GUERRE ET PAIX

8 mars, dans la baie de la Solitude, Basse-Californie. Toute la journée d'hier a été maudite. Plafond bas et gris. Il a plu : impossible de tourner un mètre de pellicule. Et le magnétophone placé dans le zodiac est tombé à la mer à la suite d'une galipette de baleine. Il n'est resté que cinq secondes à l'eau, mais c'était assez pour provoquer des désastres.

Eugène Lagorio a été embarqué aussitôt dans l'avion pour essayer de faire réparer son magnétophone à Los Angeles. Heureusement c'était le jour de notre liaison aérienne. Le soir une batterie cinéma explose.

Aujourd'hui nous prenons notre revanche : c'est un jour glorieux, grâce à Bernard Delemotte.

Le matin, il s'en faut de peu qu'il réussisse à passer un lasso autour de la queue d'un baleineau. Il étreint l'animal à plein bras, essaie de faire passer la ligne autour de la partie la moins large de la queue. L'eau est aussi trouble que celle de la Seine. Il n'y voit rien. Nous croyons tous qu'il a réussi. Mais il n'est pas arrivé à passer la boucle assez vite. Le baleineau se secoue, se débat, rue comme un mustang, si bien que Delemotte est obligé de lâcher prise et s'écroule dans un bouillonnement d'écume tandis que le « petit » cétacé qui mesurait bien 6 ou 7 mètres de long en profite pour filer, disparaissant dans l'eau jaune.

Un cachalot a été rattrapé par le chaland.

Mais je pense que cette scène a donné des idées à Delemotte, car dans l'après-midi il nous offre un autre spectacle et cette fois, c'est sensationnel.

Enhardi par le fait d'avoir réussi à tenir le baleineau dans ses bras, il se met en tête de... faire de la voltige sur le dos d'une baleine, comme sur le dos d'un cheval. Il en choisit une qui paraît somnoler et, sans scaphandre, avec palmes et masque, il nage doucement vers elle. Tous ses gestes sont souples et efficaces. Il est à côté d'elle sans qu'elle ait bougé et d'un mouvement preste il se hisse sur son dos, se redresse. Il est debout.

Michel Deloire filme éperdument. Nous regardons, fascinés. Combien de temps cela va-t-il durer ? Et comment cela va-t-il finir ?

L'issue était facile à prévoir : la baleine reprend ses esprits. Elle se secoue, plus surprise que mécontente. Elle donne un brusque coup de queue. Delemotte disparaît dans le remous, refait surface et veut rattraper la baleine, mais elle est loin.

Désormais, c'est à qui montera sur une baleine. Bonnici, Serge Foulon renouvellent l'exploit de Delemotte. L'expérience acquise par chacun d'eux profite aux autres : l'exploit est réalisé avec de plus en plus d'élégance et d'apparente facilité.

C'est encore un domaine où chacun opère avec son tempérament personnel : Delemotte, froid, résolu, les muscles durs et le sourcil froncé, engage la bagarre comme une partie de catch. Bonnici, intuitif, agile, les gestes et l'œil vifs, observe la situation, travaille en souplesse et se maintient sur le dos glissant de l'animal avec un aimable sourire d'équilibriste sûr de son numéro.

La fin du malentendu

Tels sont désormais les nouveaux rapports de l'homme et de la baleine. Je ne peux pas affirmer que la baleine en a gardé un bien vif et bien agréable souvenir. Mais pour l'homme il n'en va pas de même. L'exploit de Delemotte a presque un caractère historique parce qu'il est appelé à une longue répercussion. Ceux qui, à la télévision, ont vu les hommes de la *Calypso* étreindre une baleine ou monter sur son dos ne pourront plus avoir vis-à-vis des cétacés le point de vue borné, utilitaire, incompréhensif qu'avaient nos grands-parents au XIXᵉ siècle. Ils ne croiront plus à la « méchanceté » des « monstres marins ».

Ce n'est pas sans une affreuse gêne que je viens de relire les récits traditionnels de la pêche à la baleine au temps de la marine à voiles. Sans

Baleine piquée sondant. Gravure du XIXe siècle (Bibliothèque Nationale).

doute c'est un recueil d'actes de courage et de folle audace. Mais c'est aussi un monument d'incompréhension et de malentendus. Il n'est question que de la « férocité » du cachalot qui, lardé de dix harpons, la chair fouillée à coups de lance, l'œil crevé, fou de douleur, se débat dans une atroce agonie.

Grâce au comportement de Delemotte avec les baleines grises, de Raymond Coll avec les cachalots, de Philippe avec les baleines à bosse, de Bonnici avec les rorquals, le malentendu se dissipe, le rapprochement se réalise. Je crois que l'homme s'honore en respectant enfin la créature vivante la plus grande qui existe, en la touchant, en prouvant qu'elle est inoffensive. Les cétacés désormais ne sont plus relégués dans cette zone psychique où l'homme, obsédé par la peur, se croit obligé de répandre la violence et la mort.

Jusqu'au XXe siècle, les rapports de l'homme et de la baleine ont été ceux d'un meurtrier et de sa victime. Ce n'est ni la pitié ni un sentiment de respect pour une des « merveilles de la nature » qui ont inspiré l'idée de fixer des bornes à ce massacre séculaire. Tout simplement les baleiniers s'aperçurent qu'ils rencontraient de moins en moins de baleines. Cette disparition inquiétante s'est aggravée par suite de l'emploi d'armes extrêmement meurtrières, de bateaux rapides et de navires usines. Les baleiniers découvrirent qu'ils étaient en train de ruiner leur industrie et qu'il y avait

En approchant les baleines à bosse nous nous sommes imaginés qu'elles dirigeaient vers nous un regard bienveillant.

Le regard du requin est plus fixe et plus faux que celui de la baleine.

lieu de faire un usage plus modéré et surtout plus avisé du capital baleine dont disposaient les océans.

La baleine de Biscaye avait déjà disparu des côtes basques, détruite ou enfuie à jamais.

Au début du XXᵉ siècle, la chasse s'étendit à l'Antarctique et les massacres s'intensifièrent. Il en résulta la disparition presque absolue des baleines franches. En fait c'est le XXᵉ siècle et non pas le XIXᵉ comme on le croit, qui connut les plus grands massacres de baleines. Notre époque est plus meurtrière que la période de la grande chasse romantique, du temps de Melville. Il y a cent ans, une campagne de trois ans d'un baleinier se soldait par un tableau de chasse de trente-sept cétacés. Aujourd'hui un baleinier moderne fait en moyenne une victime par jour. Certains trois ou quatre.

Bernard Delemotte réussit à se mettre debout sur le dos d'une baleine grise.

La chasse à la baleine est maintenant réglementée et en principe toutes les espèces sont protégées par des accords internationaux (1) pris par la Commission baleinière internationale (International Whaling Commission).

Toujours en danger

Est-ce à dire que baleines et cachalots sont désormais à l'abri de tout danger d'extinction ?

(1) Voir Appendice II en fin de volume : « La chasse à la baleine ».

Les mégaptères trop chassés au début du siècle doivent être épargnés sous peine de disparaître.

Les baleines bleues, les plus grands animaux qui aient jamais vécu sur le globe, ont pratiquement disparu. On a retardé l'ouverture de la chasse en ce qui les concerne et établi pour elles une protection absolue dans certaines régions. Des spécialistes estiment que même si elles étaient totalement protégées, il faudrait cinquante ans pour savoir si le troupeau pourra se reconstituer.

Les rorquals communs ou « fin whales », même au rythme actuel très réduit, doivent être l'objet d'une protection sérieuse.

Chaque espèce est d'une année à l'autre, la victime principale du massacre. En 1964-65, c'est la sei, baleine cosmopolite, de taille relativement faible, qui a été la principale victime de la chasse : une prise mondiale de 24 453 individus, le double de l'année précédente et presque autant de cachalots. Pour la sei, c'est le début du déclin.

Nos merveilleuses baleines à bosse sont en danger depuis longtemps. Elles sont plus petites que les sei, mais elles fournissent le double d'huile, malheureusement pour elles. Le Japon et l'U.R.S.S. les ont tellement chassées qu'il a fallu les protéger totalement pendant deux ans, mais il faudrait cinquante ans pour commencer à rétablir le troupeau.

La Commission baleinière internationale a décidé d'abandonner le système des quota basé sur la fameuse « unité baleine bleue » : la formule B.W.U. C'est espèce par espèce qu'elle fixera désormais, pour chaque saison, le nombre des captures, ce qui doit aboutir à une protection plus efficace de chaque espèce.

Changer de camp

Il en va des cétacés comme des coraux et de toutes les formes de vie dans la mer ; à peine les approchons-nous, à peine apprenons-nous à les admirer et à les connaître dans l'eau que nous sommes menacés de les voir disparaître, de les perdre...

Nous avons fait ce qui n'avait jamais été fait : nous sommes passés du côté des victimes. Nous avons découvert ainsi l'œil de la baleine, le fin museau du rorqual, les nageoires blanches des baleines à bosse. Est-ce en vain ?

Nous qui avons changé de clan ou de camp, réussirons-nous à convaincre l'opinion, à sauver les grands animaux marins, à obtenir pour eux une place dans l'univers, une place dans la mer ?

Une baleine grise vue de face.

Les cétacés ont peut-être d'autres services à nous rendre que de nourrir nos chiens, de nous procurer des matières grasses dont nous disposons maintenant en abondance ou de fournir des « baleines » qui ne servent plus ni aux corsets, ni aux parapluies.

Les cétacés ont certainement beaucoup à nous apprendre sur leurs extraordinaires plongées, les profondeurs qu'ils atteignent, le temps qu'ils peuvent passer en apnée. Plutôt que nos victimes, ils doivent être nos initiateurs et nos maîtres dans l'exploration du monde marin qui vient tout juste de s'ouvrir à nous. La plongée en scaphandre autonome date de trente ans. Ce n'est rien dans l'histoire de la Terre et dans celle de l'homme.

Nous sommes maintenant conscients qu'il existe une solidarité entre les mammifères. Plus rien, désormais, ne pourra prévaloir contre cette mystérieuse sympathie. Il y a quelque chose de changé dans la mer pour toujours. L'indifférence, la cruauté bornée à l'égard des animaux marins et de leurs souffrances seront désormais intolérables à l'immense majorité des humains.

Partout dans le monde l'opinion publique s'émeut du sort des baleines et tient la chasse actuelle pour une absurdité.

Les habitants de certaines régions comme la Californie ont le privilège de voir passer les baleines à proximité de leurs côtes lors des grandes migrations et ils se sont pris pour elles d'une espèce d'affection.

Il est peu d'animaux vis-à-vis desquels l'attitude humaine ait changé davantage en cinquante ans.

Un plongeur accroché à la nageoire dorsale d'un rorqual.

Un rapprochement

Cette sympathie qui s'éveille entre le terrien et le cétacé conserve pourtant quelque chose de lointain, d'abstrait. Elle repose plus sur le bon sens que sur un véritable élan affectif. On peut espérer un nouveau progrès : il doit venir de la rencontre de l'homme et de la baleine dans l'eau. Il faut apprendre à connaître les cétacés dans leur élément. Le problème sentimental, moral, s'en trouve je crois bouleversé. Déjà, tuer un dauphin

semble un crime. Il en sera bientôt de même pour les cachalots et les baleines.

Il est bien différent d'éprouver une sympathie « de surface » pour les baleines grises par exemple et de les voir dans l'eau s'interposer sans cesse entre leur petit et les plongeurs. On peut simplement déplorer le massacre de baleines à bosse tel qu'il a été perpétré au début du siècle, mais on en éprouvera à la fois de la tristesse et de la colère si on les a entendues « parler » et « chanter » (1) ou si on les a vues nager dans la masse des eaux ou virer sur leurs grandes nageoires.

(1) Le Dr Payne a composé avec les cris des baleines à bosse un disque remarquable vendu dans le commerce.

Peut-on aller plus loin et est-il raisonnable d'espérer un « rapproche-ment » entre l'homme et les grands mammifères marins ?

La confrontation entre le plongeur et cet animal énorme a posé au début pour nous un très grave problème. Nous ne savions rien sur le comportement de la baleine et du cachalot à l'égard de l'homme. Peu à peu c'est l'homme qui s'est familiarisé, qui a essayé des gestes, une approche et en voyant que le contact était possible, il a multiplié les audaces, les tentatives. Les plongeurs de la *Calypso* en sont venus à regarder sans s'émouvoir cette montagne de chair. Ils ont appris à régler leur conduite pour être tolérés par des animaux qui atteignaient mille fois leur propre poids.

L'homme a transporté dans la mer sa volonté de s'imposer, de se faire admettre, de se faire comprendre, voire obéir des autres espèces. Au cours de nos expéditions en mer Rouge, nous avons démontré que nous pouvions, sinon imposer une autorité, tout au moins inspirer le respect à un animal comme le requin.

Entre les cétacés et nous, la situation n'est pas la même qu'avec les requins. Je crois que toute peur est maintenant dissipée. Ce qui nous sépare encore, c'est une différence d'échelle.

Dans l'eau nous sommes trop petits. Le plongeur ne présente pas un encombrement suffisant par rapport au volume de la baleine pour prendre une véritable importance dans la mer. Alors que pour le requin moyen un homme est déjà, par rapport à lui, un être qui mérite considération.

Malgré toutes ces difficultés de compréhension et d'interprétation, les plongeurs de la *Calypso* ont discerné des nuances dans le comportement qu'ont eu à leur égard baleines et cachalots. Nous explorons peu à peu un domaine psychologique où les observations directes ne sont plus impossibles.

Les grands mammifères marins entrent dans l'environnement de l'homme. Ils occupent sur la planète une situation nouvelle.

Mais tout cela pour quoi faire ?

C'est finalement la question essentielle. Si on réussit à freiner ou à supprimer la pêche à la baleine, est-ce pour intensifier la pêche aux dau-phins, aux globicéphales et aux orques ? Allons-nous emprisonner les animaux de la terre entière sous prétexte de les « sauver » ? L'homme finirait par se promener à travers une succession de zoos et de marinelands.

Déjà en Californie des biologistes s'inquiètent du trop grand nombre de captures de cétacés. Bien peu survivent. Le Dr Scheffer se demande si chasser les orques est légal, moral et « humain ». Depuis 1965, rien qu'à Seattle, six orques ont été tués par des gens qui voulaient les capturer. Beaucoup d'autres ont été mortellement blessés par des harpons, par des balles contenant un narcotique ou par des filets. Le Dr Scheffer pense qu'en raison de leur haut degré d'évolution sociale et de leur intelligence, ces mammifères peuvent apprendre par expérience à éviter désormais des régions où ils courent de réels dangers. Ainsi la Californie serait privée de ses orques qu'elle a déjà appris à aimer et qui se montraient familiers parce qu'ils n'avaient rien à craindre dans la mer.

Il ne serait plus possible alors de contempler en liberté ces magnifiques animaux et de les approcher. Aussi le Dr Scheffer suggère-t-il que ne soient attribués que rarement et à bon escient les permis de capture.

Dernières menaces

Mais d'autres dangers issus de la vie moderne menacent les cétacés.

La baleine grise, par exemple, est une relique d'un autre âge, un véritable fossile vivant. Elle a vu son habitat se restreindre d'année en année. Il ne reste guère plus de trois ou quatre lagunes où elle peut hiverner.

La lagune de Matancitas et celle de Scammon représentent un univers intact miraculeusement préservé. Ce pays d'eaux peu profondes, de sables bordés de palétuviers, ce désert vivant est pour les baleines grises le dernier refuge. Il est encore intact.

Mais une menace insidieuse pèse sur ce pays comme sur la nature entière : c'est le développement anarchique qu'entraîne la pollution. Déjà elle menace tout le nord de la Californie, mais elle n'est pas encore parvenue jusqu'ici. La lagune de Scammon n'est fréquentée que par quelques pêcheurs et à part un petit nombre de marais salants, elle est merveilleusement demeurée dans sa sauvagerie primitive.

Toute pollution priverait les baleines de ce paradis qui leur est indispensable pour venir mettre bas et s'accoupler.

Il y a pire. Si toutes les marines du monde s'intéressent tant, depuis peu, aux cétacés, c'est pour en faire des recrues, les enrôler, s'en servir comme détecteurs de sous-marins, comme espions ou comme agents de liaison. A peine avons-nous découvert l'intelligence de ces animaux que nous les mêlons déjà à nos luttes et à nos guerres. Dès 1963, le grand cétologue anglais L. Harrisson Matthews déclarait : « Si intelligents que soient ces animaux, ils ne le sont malheureusement pas assez pour refuser leur coopération et adresser à leurs entraîneurs quelques-uns de ces cliquetis sous-marins qui, traduits en langage humain, exprimeraient le plus profond mépris ».

Un plongeur allongé sur le dos d'un rorqual se laisse remorquer.

Il serait peut-être temps de formuler un code moral qui règle nos rapports avec les grands animaux de la mer comme avec ceux de la terre, c'est notre vœu le plus cher.

Si la civilisation entre dans les océans, que ce soit pour y apporter le respect de la vie.

remerciements

Nous devons une gratitude toute particulière à M. Ch. Roux, sous-directeur du Laboratoire des reptiles et poissons au Muséum national d'histoire naturelle qui a bien voulu lire le manuscrit de ce livre.

M. le professeur P. Budker, directeur du Laboratoire de biologie des cétacés et autres mammifères à l'Ecole pratique des hautes études nous a une fois encore témoigné son amitié en nous faisant bénéficier de ses conseils et de son incomparable expérience.

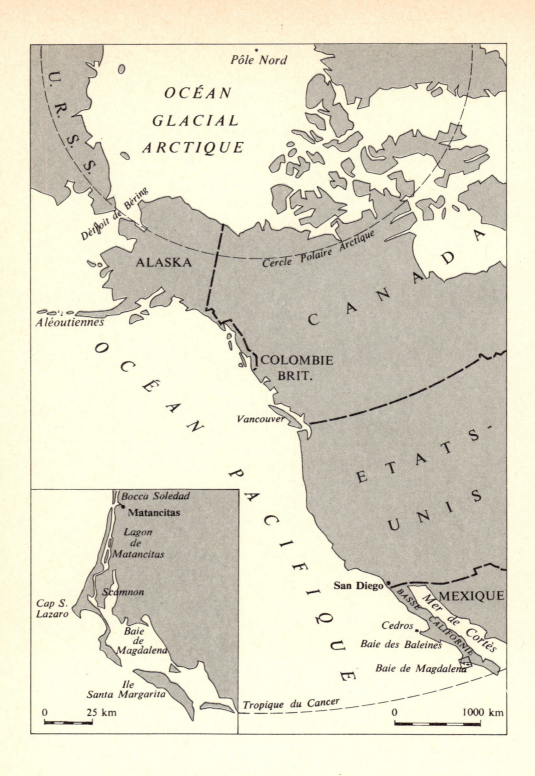

La migration des baleines grises, de l'Arctique à la Basse-Californie.

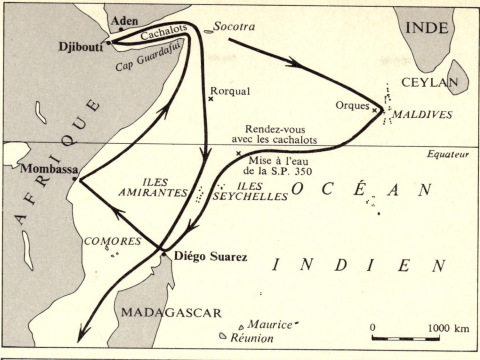

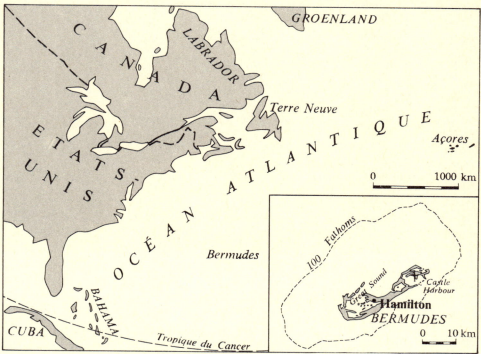

Rencontres avec les cétacés dans l'Océan Indien.

Aux Bermudes, où s'est déroulée la mission « Baleines à bosse ».

appendice I

LES CÉTACÉS

Ce sont des mammifères marins dont les ancêtres étaient probablement terrestres, des animaux à sang chaud dont Aristote déjà savait qu'ils respiraient par des poumons (1). La fécondation et la gestation sont internes. Ils allaitent leurs petits.

Tous les cétacés sont caractérisés par une nageoire caudale qui, contrairement à celle des poissons, est orientée dans le sens horizontal. Ils possèdent tous également sur le sommet de la tête, un évent d'où jaillit « le souffle » dont l'aspect diffère selon les espèces.

Cet ordre qui comprend une centaine d'espèces, est divisé en deux groupes, les mysticètes ou cétacés à fanons et les odontocètes ou cétacés à dents.

Les mysticètes

Les mysticètes, qui seuls méritent le nom de « baleine », ont des fanons fixés à la mâchoire supérieure. Ce sont des lames cornées, garnies de fila-

(1) Cet appendice a été rédigé à partir des ouvrages de Kenneth S. Norris, du Dr Harrison Matthews, du Dr F.C. Fraser, d'Ernest P. Walker et de la classification de la Commission baleinière internationale.

ments, qui filtrent la nourriture des baleines. Leur écartement varie selon la dimension des animaux que pêche le cétacé.

Le groupe des mysticètes comporte trois familles :

1) *Balaenidae*

On distingue trois genres :

a) *Balaena,* qui ne comporte qu'une espèce : *B. mysticetus* ou baleine franche ou baleine boréale.

Elle mesure entre 15 et 18 mètres. Elle est noire. La gorge et le menton sont de couleur crème. La bouche occupe le tiers de la longueur du corps. Cette baleine n'a pas de nageoire dorsale, pas de sillons ventraux. Elle peut rester en apnée de dix à trente minutes. La gestation dure de neuf à dix mois. Sa nourriture est le krill.

Au début du XIXe siècle, elle était encore abondante dans l'Arctique. L'extermination a été presque totale au XXe siècle. L'espèce est éteinte entre le Groenland et la mer de Barents. Il subsisterait un millier d'individus au voisinage du détroit de Béring. Elle est interdite à la chasse.

b) *Eubalaena* dont l'aspect extérieur est le même que celui des *Balaena*, sauf la bouche qui n'occupe que le quart de la longueur totale du corps ; ce genre comprend :

Eubalaena glacialis qui vit dans l'Atlantique nord et qui, en raison de sa taille plus petite (13 à 16 mètres), était chassée par les Basques à partir du IXe siècle. C'est une des plus rares du monde, mais elle survit. Elle est protégée depuis trente-cinq ans.

Eubalaena australis qui vit dans l'Antarctique. Il y a cinquante ans, il en existait des centaines de milliers... Elle a été exagérément chassée mais, après trente-cinq ans de protection absolue, on recommence à en observer des troupeaux dans l'Atlantique sud, au voisinage du cap de Bonne-Espérance et de la Géorgie du Sud.

c) *Caperea* qui ne comporte qu'une seule espèce, *Caperea marginata* ou baleine franche naine. Sans aucun intérêt économique.

2) *Eschrichtidae,* qui comprend un seul genre, *Eschrichtius glaucus* (dite aussi *gibbosus*), c'est notre baleine grise de Basse-Californie. On la trouve dans le Pacifique, près des côtes de l'Amérique et de Corée. Elle n'a pas d'aileron dorsal. Elle a des sillons ventraux (deux ou quatre). Elle mesure entre 10 et 15 mètres de long et pèse entre 24 et 37 tonnes ; ses fanons atteignent 3,50 à 4 mètres. Elle est noire ou de couleur ardoise. Ce

Page ci-contre : Les mysticètes.

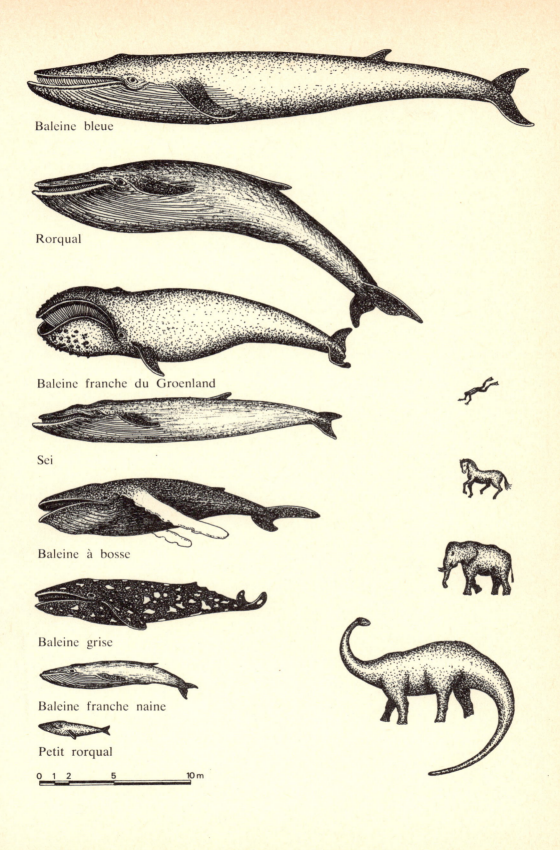

Baleine bleue

Rorqual

Baleine franche du Groenland

Sei

Baleine à bosse

Baleine grise

Baleine franche naine

Petit rorqual

0 1 2   5   10 m

sont les cicatrices des blessures de parasites qui lui donnent une teinte grisâtre.

La maturité sexuelle se situe à quatre ans et demi. La gestation dure onze à douze mois. Il naît un seul petit tous les deux ans.

3) *Balaenopteridae*. On distingue deux genres :

a) *Balaenoptera,* dans lesquels on note :

B. borealis (Sei whale), *B. acutorostrata* (lesser rorqual), *B. edeni* (Bryde's whale), *B. physalus* ou rorqual commun ou fin whale, que les plongeurs de la *Calypso* ont eu l'occasion de rencontrer à plusieurs reprises. Ce rorqual commun mesure de 18 à 24 mètres de long et pèse environ 50 tonnes. Le dos est grisâtre, et le ventre blanc est parcouru de trente à soixante sillons. Le rorqual a un aileron dorsal bien visible, assez haut, triangulaire. Il se déplace par groupes de vingt à cent individus. Il se nourrit de plancton, de crustacés et de petits poissons. L'accouplement a lieu en hiver. La période de gestation dure de dix à douze mois. La maturité sexuelle se situe vers cinq ans pour le mâle, et entre trois et huit ans pour la femelle. La maturité physique n'est atteinte qu'à quinze ans. Les grands rorquals peuvent rester en apnée de vingt à cinquante minutes. C'est la victime des baleiniers : plus de 90 % de leur tableau de chasse. En 1955, on évaluait encore leur nombre à cent dix mille dans l'Atlantique, il n'y en aurait plus qu'une trentaine de mille maintenant.

B. musculus ou baleine bleue est le plus grand des cétacés et aussi le plus grand des animaux existant sur terre. Elle mesure de 21 à 30 mètres et le plus gros spécimen jamais observé pesait 112,5 tonnes. Elle vit en été dans les eaux polaires et l'hiver au voisinage des latitudes tropicales. La couleur de la peau est bleu ardoise. La partie ventrale et la gorge sont parcourues par une centaine de sillons. C'est une solitaire. Elle peut rester en apnée de dix à vingt minutes. Elle se nourrit essentiellement de krill. Elle s'accouple entre mai et juin. La gestation dure onze mois. Un petit naît tous les deux ans. La maturité sexuelle intervient à quatre ans et demi. C'était la baleine la plus recherchée pour la chasse parce qu'elle fournit la plus grande quantité de graisse. En 1930, on estimait qu'il existait trente à quarante mille baleines bleues dans l'Antarctique. L'évaluation la plus optimiste aujourd'hui est environ de deux mille, peut-être moins. La « bleue » est maintenant totalement protégée.

b) *Megaptera*. On ne compte qu'une seule espèce : *Megaptera novaeangliae*

Page ci-contre : Les odontocètes.

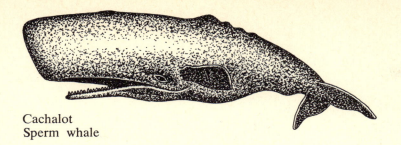

Cachalot
Sperm whale

Bottle nose whale
ou hyperoodon

Orque

Globicéphale
ou pilot whale

Narval

Bottle nose
Dauphin

Cachalot pygmée

Marsouin

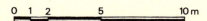

0 1 2   5   10 m

ou jubarte, notre baleine à bosse des Bermudes. Avec les baleines grises, c'est la seule espèce qui vit près des côtes.

Elle mesure en moyenne de 8 à 13 mètres et pèse environ 29 tonnes. La partie supérieure du corps est noire et la gorge et la poitrine sont blanches. Elle est reconnaissable à ses grandes nageoires pectorales blanches qui mesurent le tiers de son corps. Il existe de dix à vingt-cinq sillons sur le cou et le ventre. Sa nourriture se compose surtout de crustacés. La gestation dure dix mois. La maturité sexuelle intervient environ à trois ans et la maturité physique à dix ans. Un petit naît tous les deux ans. Au cours des années 1930, l'effectif dans l'Antarctique était évalué à vingt-deux mille têtes. Il ne serait plus aujourd'hui que de trois mille. Mais il existerait encore cinq mille baleines à bosse dans le Pacifique nord. La chasse est désormais totalement interdite.

Les odontocètes

Ce sont les cétacés à dents. Le nombre de ces dents varie d'ailleurs, de deux chez la « baleine » de Cuvier à deux cent soixante chez le dauphin. Ils sont divisés en cinq familles qui comprennent le plus grand nombre d'espèces de cétacés.

1) Les *Monodontidae,* qui groupent deux genres :

— *Delphinapterus,* le « béluga » qui fréquente surtout les régions arctiques de l'Amérique du Nord (voir glossaire).

— *Monodon,* le narval (voir glossaire).

2) Les *Delphinidae,* qui comptent dix-neuf genres :

Steno, Sousa, Sotalia, Stenella, Delphinus (qui est le dauphin commun, voir glossaire), *Grampus, Tursiops, Lagenorhynchus, Feresa, Cephalorhynchus, Orcaella, Lissodelphis, Lagenodelphis, Phocaena* (le marsouin, voir glossaire), *Phocaenoïdes* (marsouin du Pacifique), *Neomeris* (marsouin du Sud-Est asiatique), *Pseudorca, Orcinus* (orque) et *Globicephala,* que les plongeurs de la *Calypso* ont rencontrés à plusieurs reprises.

Les globicéphales ont la tête bombée. La partie frontale forme une saillie au-dessus de la mâchoire supérieure. Ils mesurent entre 4 et 8 mètres de long. Ils sont de couleur noire. Ils ont une nageoire dorsale, sept à onze dents à chaque mâchoire. Ils voyagent en groupe de plusieurs centaines d'individus, dirigés par un chef qu'ils suivent aveuglément. Ils se nourrissent de calmars qu'ils accompagnent pendant leur migration. L'été, on les rencontre près des côtes de Terre-Neuve et l'hiver dans les eaux chaudes, où ils mettent bas. La gestation dure douze mois, l'accouplement a lieu à l'automne, la maturité sexuelle du mâle se produit à trois ans et celle de la femelle à six ans. C'est la principale ressource de Terre-Neuve. Près de trois mille à quatre mille globicéphales y sont tués chaque année.

L'orque est également un animal qui vit en groupe. Il a une longueur moyenne de 6 mètres et pèse environ 1 tonne. L'orque est noir, mais montre une grande tache blanche qui s'étend du museau au milieu du ventre et une autre, plus petite, derrière l'œil. Les mâchoires sont munies de vingt à vingt-huit dents chacune. Ils se nourrissent de préférence d'animaux à sang chaud : baleine, dauphin, phoque, morse. Ils s'accouplent de novembre à janvier. La gestation dure de onze à douze mois et la lactation douze mois.

3) Les *Ziphiidae,* caractérisés par un museau en forme de bec, comptent cinq genres :

— *Mesoplodon* (en anglais, Beaked whale)
— *Ziphius* (en anglais, Cuvier's beaked whale)
— *Tasmacetus* (en anglais, Tasmanian beaked whale)
— *Berardius* (en anglais, Giant Bottlenose whale)
— *Hyperoodon* (en anglais, Bottlenose whale, voir glossaire).

4) Les *Physeteridae,* qui groupent les cachalots, sont divisés en deux genres : *Kogia* (Pygmy sperm whale) et *Physeter* dont l'espèce la plus commune est le *Physeter catodon* ou cachalot.

Parmi tous les odontocètes, le cachalot se reconnaît à son souffle unique et oblique. En effet, l'évent gauche est le seul qui fonctionne. Mais le cachalot est surtout caractérisé par sa tête énorme, carrée de l'avant et qui atteint le tiers de son corps. Seule la mâchoire inférieure est pourvue de dents, des dents redoutables : plus de 25 centimètres de long et elles peuvent atteindre un kilo.

Le cachalot n'a pas de nageoire dorsale, mais une sorte de « crête ». Il n'a pas de sillons ventraux. Il est généralement d'une couleur sombre avec quelques taches et s'éclaircit en vieillissant. Un cachalot blanc est célèbre en littérature : c'est Moby Dick, héros principal du livre de Herman Melville. On n'a signalé de cachalot albinos qu'une seule fois, en 1951. Il mesurait 16 mètres de long.

Les plus grands cachalots — toujours des mâles — atteindraient 18 mètres au maximum. Leur poids est de 35 à 50 tonnes. Ils se nourrissent notamment de calmars qu'ils vont attaquer dans les grands fonds. La gestation dure seize mois, la lactation douze mois. Il ne naît qu'un petit tous les trois ans. Les cachalots constituent des harems de vingt à cinquante individus.

5) Les *Platanistidae* groupent les dauphins qui vivent en eau douce,

en général dans les estuaires des grands fleuves. On distingue quatre genres :
- *Platanista,* qui vit dans le Gange.
- *Inia,* en Amérique du Sud.
- *Lipotes,* en Chine.
- *Stenodelphis,* dans le Rio de la Plata.

appendice II

LA CHASSE A LA BALEINE

Au temps des canots en bois et des harpons à main, une baleine représentait une proie redoutable mais si l'on songe que le chasseur paléolithique s'est attaqué aux mammouths avec des épieux et des outils de silex, on ne s'étonnera pas que dès la préhistoire, l'homme ait osé se mesurer avec les grands cétacés.

Les Basques

C'est à partir du Moyen Age que l'on connaît avec plus de certitude les péripéties de la chasse à la baleine en Europe. Les Norvégiens ont peut-être été les premiers baleiniers si l'on en croit un texte anglais de 890 (1). En tout cas, les Basques furent dès avant le XIIᵉ siècle de très actifs chasseurs de baleines. Ils avaient sans doute commencé au IXᵉ siècle. Eux aussi devaient s'approcher le plus possible de l'animal pour manier efficacement le harpon et la lance. Mais la chance des Basques fut de voir défiler à chaque saison devant leurs côtes, une baleine idéale : *Eubalaena glacialis,* la baleine de Biscaye ou « The Black right whale ». Les Basques la nommèrent dans leur langue « Sardako Balaena ». De dimensions relativement faibles (elle

(1) Les voyages arctiques du chef nordique Othere dans la mer Blanche, dans une traduction de l'ouvrage d'Orose : *Adversus paganos historiarum,* libri VII, par le roi Alfred le Grand d'Angleterre.

ne dépasse jamais 20 mètres), lente, inoffensive, c'était la proie rêvée, en comparaison des autres espèces trop rapides pour être rattrapées par des barques et trop puissantes pour être tuées avec les moyens de l'époque. Elle avait aussi une autre qualité : morte, elle continuait à flotter, ce qui n'est pas le cas d'autres baleines plus grandes. Il était donc possible de la remorquer sur des hauts-fonds ou même jusqu'à la côte.

Les baleines faisaient la fortune des Basques ; non seulement ils se nourrissaient de leur chair mais ils faisaient fondre leur graisse et la vendaient dans toute l'Europe. C'était la principale source d'éclairage de l'époque.

Pour s'attaquer alors à un pareil gibier, dans une mer difficile, avec des coquilles de noix, il fallait un courage insensé.

A force d'être chassées au voisinage des côtes du golfe de Gascogne, les baleines se faisaient rares (aujourd'hui on n'en voit plus).

Les baleiniers basques construisirent des bateaux plus grands et partirent dans l'Atlantique à la poursuite des baleines qui avaient déserté leurs rivages. Ils affrontaient les tempêtes, les icebergs, les lieux les plus déshérités du monde.

Les baleines les entraînèrent à leur suite vers le nord, dans des pays inconnus, l'Irlande, l'Islande, le Groenland. C'est ainsi qu'ils découvrirent Terre-Neuve et sans doute les côtes nord de l'Amérique bien avant Christophe Colomb. Au XVI⁰ siècle, ils poursuivaient la baleine franche du Groenland qui en un siècle s'épuisa.

Il existe à Terre-Neuve une tombe dont l'épitaphe est rédigée en langue basque, elle date de la fin du XIV⁰ siècle.

Non seulement les Basques se hasardèrent dans le grand Nord et dans l'Atlantique avec des bateaux dérisoires, mais ce sont eux qui inventèrent le procédé permettant de faire fondre la graisse à bord de ces navires et de la transformer en huile. Cette technique serait due à un capitaine de Saint-Jean-de-Luz, nommé Sopite, qui inventa un fourneau permettant de fondre le lard à bord des navires baleiniers, alors qu'auparavant, l'opération ne pouvait se faire qu'à terre ; jusqu'à la fin du XVII⁰ siècle toutefois, les Hollandais s'obstinèrent à mettre la graisse crue en barils.

Les Esquimaux

Si l'on est assez bien renseigné sur l'activité des Basques, on l'est moins bien sur celle d'autres peuples qui sans doute, en même temps qu'eux, se sont attaqués au Léviathan. Certains vestiges le prouvent : c'est ainsi qu'en

Navire baleinier : dépècement d'une baleine, gravure de Piquet (1791). Bibliothèque Nationale.

Scandinavie, au Moyen Age, les vertèbres des baleines étaient utilisées comme sièges. Et récemment, on a retrouvé au Groenland d'anciens villages esquimaux dont les constructions avaient été édifiées avec des os de baleines. Il est possible que dans certains cas ces os soient ceux d'animaux échoués sur le rivage.

Mais il n'est pas douteux que les anciens Esquimaux s'approchaient le plus possible de la baleine dans leur bateau couvert de peau et s'efforçaient de lui percer les poumons, d'un coup mortel. Une peau de phoque gonflée d'air était attachée à l'arme et permettait de retrouver l'animal s'il sondait.

Les habitants des îles Aléoutiennes enduisaient leur harpon d'un poison qui était sans doute dérivé de l'aconit. Les indigènes du Groenland et du Spitzberg avaient recours à un autre poison bactérien qui rendait

Baleinières attaquant des cachalots, d'après le livre de Thomas Beale, *Histoire naturelle du cachalot* (Londres 1839). Bibliothèque Nationale.

Canot projeté en l'air par une baleine. Lithographie de Saint Aulaire d'après *Campagne d'un baleinier autour du monde — Croquis et notes d'un officier de bord* (1840). B. N.

toute blessure mortelle. Encore actuellement, dans certains fjords de Norvège, on tire sur les baleines des flèches rouillées enduites du sang de précédentes victimes et qui provoquent une septicémie chez le cétacé.

Au XVIIIe siècle

Au début du XVIIIe siècle, les Anglais, les Hollandais, les Danois équipèrent, avec la collaboration des Basques, des bateaux qui chassaient au Spitzberg et à Jan Mayen. Une fois de plus en un siècle, le troupeau disparut.

En France, ce sont les Normands surtout qui se livraient à la chasse à la baleine, mais leur activité était faible. Sous Louis XVI, on ne comptait guère que quarante baleiniers français.

Les Japonais qui de tout temps furent de grands chasseurs de baleines — elles passaient au voisinage de leurs îles au cours de migrations saisonnières — ont mis au point à la fin du XVIIe siècle, une technique nouvelle : la capture au filet. Il s'agissait bien entendu d'un filet immense muni de tonneaux servant de flotteurs.

Plus de trente bateaux étaient nécessaires, les uns pour rabattre les animaux, les autres pour tendre les filets dans lesquels les baleines venaient se jeter. Là, l'animal était blessé à coups de harpon et de lance jusqu'à ce qu'un homme particulièrement audacieux pût monter sur sa tête pour y fixer un filin de remorque.

Au XVIIIe siècle, les Hollandais équipaient quatre cents navires baleiniers, montés par vingt mille marins. Ils allaient chasser dans le détroit de Davis entre le Groenland et l'île canadienne de Baffin. Les Anglais les y suivirent.

Et l'histoire se répéta. A partir de 1788, les baleines traquées par 252 navires devinrent introuvables.

La grande époque

C'est alors que les colons de la Nouvelle-Angleterre découvrirent l'extraordinaire abondance de cétacés qui « soufflaient » au long de la côte est américaine. Après la guerre d'Indépendance, toute une flotte baleinière se constitua aux Etats-Unis. Elle allait être à l'origine de l'épopée de la pêche au cachalot : une aventure haute en couleurs, riche de courage, de misère et de merveilleuses légendes.

En effet, dès que les baleines franches de l'Atlantique attaquées trop vigoureusement se firent rares, les baleiniers américains se lancèrent sur toutes les mers à la poursuite des cachalots. Jusqu'au XVIII° siècle, aucun baleinier n'avait osé s'attaquer à ces animaux. Les besoins en huile de l'Amérique étaient pressants et justifiaient l'audace des nouveaux baleiniers. Le spermaceti, la cire contenue dans leur énorme tête, faisait prime sur le marché et chaque cachalot peut en fournir une tonne. C'est dans la chasse à la baleine que de nombreuses familles américaines aujourd'hui célèbres ont commencé par faire fortune.

Les baleiniers partaient de Nantucket, de New Bedford, de Mystic. La chasse avait lieu en toutes saisons. On détruisait les jeunes aussi bien que les adultes. C'était un véritable massacre. Mais c'est une histoire émaillée de drames. En 1778, Thomas Jefferson écrit au ministre de France : « La *Baleine Spermaceti* qu'ont découverte les Nantucketais est un animal agressif et féroce qui réclame de ses pêcheurs autant d'adresse que de témérité ». On les appela bientôt les « cachalots combattants ».

Des croisières de quatre ans

Les baleiniers avaient découvert aussi un nouveau gibier, très loin dans l'Antarctique : la *Balaena australis,* ou Southern right whale, forme « géographique » de *Balaena glacialis.* De 1804 à 1817, 190 000 baleines de cette espèce furent massacrées et elles se firent de plus en plus rares.

Il fallut de nouveau attaquer les redoutables cachalots. A partir de 1820, la flotte baleinière de Nantucket se développe considérablement. Elle ne comporte plus de petits voiliers avec un ou deux canots de chasse montés le plus souvent par des Indiens. Après avoir pris cinq ou six cétacés, ils rentraient au port. De Nantucket partent maintenant de grands trois-mâts carrés de 500 tonneaux, armés de cinq, six ou sept baleinières. On compte quarante personnes à bord. Ce sont peut-être les navires à voiles les plus solides qui aient jamais été construits.

A l'époque héroïque des baleiniers à voiles, des croisières interminables pouvaient seules permettre de rencontrer les animaux déjà bien dispersés.

Ces navires appareillaient pour des croisières très lointaines qui duraient parfois trois et quatre ans. Ils ne rentraient en principe que lorsque tous leurs barils étaient pleins.

A bord le confort et l'hygiène étaient nuls. L'équipage était composé pour une grande partie d'hommes qui n'étaient pas des marins de métier, mais des paysans sans ressources ou des chômeurs. Le professeur Paul Budker cite ces chiffres : « En 1860, un matelot embarqué sur un baleinier américain gagnait vingt cents par jour. Or à terre, un manœuvre non spécialisé touchait quatre-vingt-dix cents par jour... En d'autres termes, le travailleur de la catégorie la plus défavorisée gagnait à terre aux U.S.A. au moins deux à trois fois plus d'argent qu'un matelot baleinier ».

Sur ces bateaux, les harponneurs avaient une situation privilégiée ; ils n'étaient pas logés sur le gaillard d'avant comme les matelots, mais à l'arrière, et ils couchaient au carré des officiers. On embarquait une masse considérable de vivres, les capitaines ne se souciant guère de faire des escales pour se ravitailler, par crainte des désertions.

On a prétendu que les cachalots étaient plus grands autrefois qu'aujourd'hui. Ils ne dépassent guère 18 mètres alors que les animaux du temps de *Moby Dick* atteignaient, assurait-on, 28 mètres. Le musée de New Bedford conserve une mâchoire longue de 7 mètres. On affirme qu'en 1841, Owen Tilton de New Bedford tua un mâle de 27,50 mètres.

Il est certain que proportionnellement à la taille des navires de l'époque, le cachalot devait paraître énorme.

Dans le nid de pie de chaque navire, un veilleur était sans cesse aux aguets et c'est lui qui criait le fameux avertissement rituel « she blows, she blows ! elle souffle ! ». C'était et c'est encore le seul cri admis.

Le duel

Aussitôt les baleinières étaient mises à l'eau. C'était des embarcations qui ne dépassaient jamais 30 pieds (9 mètres) et étaient construites en un matériau très léger. Ces baleinières étaient suspendues en permanence à des bossoirs du navire et il fallait pouvoir les mettre à l'eau à toute vitesse, même par très mauvais temps. Elles comprenaient un barreur, généralement un officier, et cinq rameurs. Deux naviguaient à bâbord avec des avirons de cinq mètres. A tribord deux autres, plus le harponneur lui-même, maniaient les avirons. Dans la houle, ces hommes ramant de toutes leurs forces devaient approcher la baleine de tout près.

Au moment voulu, le barreur faisait un signe au harponneur qui, lâchant son aviron et saisissant le harpon, se retournait, s'appuyait des genoux au plat-bord et lançait son arme qui devait frapper l'animal au voisinage de l'œil.

Ce dard à pointe triangulaire entraînait la ligne lovée dans un baquet. La baleine ainsi frappée démarrait généralement à toute vitesse et la ligne parcourant toute la longueur du bateau se déroulait si vite qu'il fallait l'asperger d'eau pour l'empêcher de brûler.

Une longue lutte parfois dramatique s'engageait alors. Harponné, le cétacé sondait, mais freiné par tout le poids de la baleinière qu'il avait à remorquer, il ne pouvait guère descendre bas. Le moment venait où il devait remonter pour respirer. Mais l'on devine que la situation des six hommes entassés dans l'embarcation et remorqués à 12 ou 15 nœuds, devait être pleine de dangers. D'autant qu'à ce moment se plaçait une manœuvre particulièrement difficile. Harponneur et barreur changeaient de place dans ce léger canot qui sautait sur les lames. L'un et l'autre devaient pour cela parcourir toute la longueur du bateau ; parvenu tout à l'avant, le barreur saisissait la lance, un long fer aiguisé de tous les côtés et qui avait 1,50 mètre de long.

Au moment où la baleine faisait surface, il fallait l'approcher de nouveau, encore plus près cette fois, pour planter cette lance tout près de l'œil et on la tournait et retournait dans la blessure d'un mouvement circulaire. Tout alors était imprévisible. La baleine d'un coup de son énorme queue pouvait écraser ses bourreaux ou, si c'était un cachalot, il pouvait ouvrir son énorme mâchoire et planter ses dents en plein milieu de la baleinière.

Mais le plus souvent, le sang de la baleine blessée à mort, jaillissait par ses évents en une buée fétide et rose et à bord de l'embarcation, tous les hommes soulagés criaient : « Flurry, flurry ! » Mot qui désignait les dernières convulsions et dont les Français ont fait : « Elle fleurit ».

Une affreuse boucherie

Il fallait encore ramener cette énorme prise jusqu'au navire qui se trouvait parfois fort loin ou qu'on avait perdu de vue. Souvent, c'est tout un groupe de baleines qui avait été signalé. Plusieurs baleinières avaient été mises à l'eau en même temps, et au hasard de la chasse avaient pris des directions différentes. Par mauvaise mer, ce n'était pas une mince affaire que de les récupérer avec ou sans leur prise.

Celle-ci était toujours amarrée à tribord, la queue dirigée vers l'avant. Le dépeçage commençait. Des hommes devaient monter sur la bête elle-même, malgré le roulis et le tangage. Ils découpaient d'énormes tranches de lard que des crocs arrachaient et remontaient à bord. Parfois, les requins

Chaudières pour fondre le lard des cétacés, d'après Du Reste : *Histoire des pêches, des découvertes des établissements des Hollandais dans les mers du nord.* B. N.

s'en mêlaient et enlevaient à la carcasse de la baleine d'énormes morceaux tout en menaçant les hommes agrippés à son dos.

Par beau temps, ce dépeçage pouvait durer quatre à cinq heures. Mais la fonte du lard dans d'énormes chaudrons installés sur le pont prenait beaucoup de temps. On lançait dans les récipients les « bibles », les briquettes de lard découpées en feuillets. Dans une puanteur atroce et une fumée suffocante, elles chauffaient parfois un jour et une nuit. Personne ne se reposait avant que la tâche ne fût achevée.

Parfois, les chasseurs avaient droit à une aubaine. Dans les entrailles du cachalot apparaissait une énorme boule qui durcissait à l'air. C'était l'ambre gris d'une valeur considérable, utilisé en parfumerie et dont aujourd'hui encore, l'origine est discutée : c'est probablement un vestige de la digestion des poulpes.

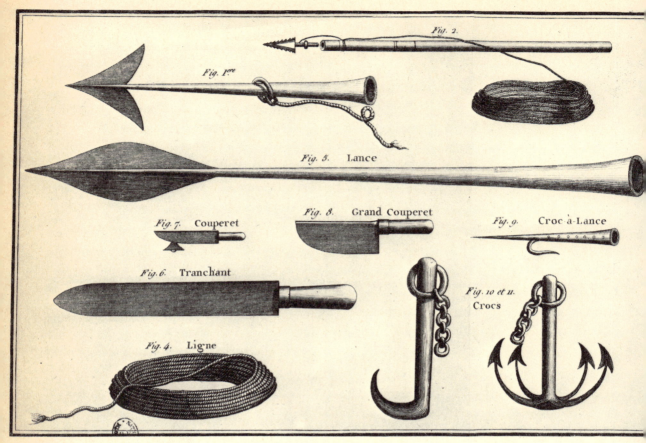

Harpon, lance, couperet, d'après Du Reste : *Histoire des pêches, des découvertes des établissements des Hollandais dans les mers du nord.* An IX de la République. B. N.

Une arme terrible

A cette époque, New Bedford est le premier port baleinier du monde, mais bientôt l'importance de la chasse à la baleine ne cessera de diminuer. Les animaux trop pourchassés se raréfient et, surtout, les débouchés économiques disparaissent peu à peu. Le pétrole et l'électricité remplacent l'huile de la baleine pour l'éclairage.

Au moment où grâce à ces nouveaux modes d'éclairage le lard des cétacés perdait son utilité, l'arme dérisoire avec laquelle on attaquait les géants des mers fut remplacée par un engin effroyablement meurtrier : le canon lance-harpon.

La chasse avec le harpon à main ne pouvait menacer que les baleines franches, les cachalots et certaines jubartes. Avec le canon lance-harpon, les baleines bleues et les rorquals communs que leur taille avait jusqu'alors protégés, passèrent au rang des victimes.

Sur les mers, il commençait à ne plus y avoir de baleines d'une taille raisonnable et suffisamment lentes pour se prêter à une chasse facile. En voulant s'attaquer à des baleines plus rapides ou plus grandes que celles qui avaient été la proie de leurs prédécesseurs, harponneurs et baleiniers étaient voués à l'échec ou prenaient des risques énormes. C'est alors que l'invention d'un Norvégien donna un nouvel et dernier essor à la pêche à la baleine ; Svend Foyn réussit à mettre au point un harpon lancé par un canon et dont la charge explosait à l'intérieur de l'animal (1868).

Dans ce dispositif nouveau, les branches mobiles du harpon sont appliquées contre la hampe au moment où la pointe pénètre dans le corps de la baleine. C'est alors que l'éclatement d'une grenade placée dans la tête du harpon a pour effet d'écarter les branches et de « verrouiller » l'arme dans la plaie.

Ce canon permettait même de lancer une deuxième ligne. La baleine pouvait être rapidement amenée jusqu'au flanc du navire et, solidement amarrée, elle ne pouvait pas couler. Un nouveau perfectionnement devait consister à gonfler les baleines à l'air comprimé pour les faire flotter.

Tout cela permettait de s'attaquer à des animaux jusqu'alors considérés comme trop rapides ou trop puissants. En outre, les navires à vapeur permirent de gagner les baleines de vitesse et de les approcher à trente ou quarante mètres, qui est la bonne distance pour les atteindre à l'aide du petit canon fixé sur l'avant du gaillard.

La vitesse d'un gros baleinoptère peut atteindre 14 nœuds et pendant longtemps, les baleiniers à moteur ne dépassèrent pas 10 à 12 nœuds.

Le canon de Svend Foyn devenait indispensable ; en effet, la baleine franche relativement facile à rattraper et à vaincre, avait à peu près complètement disparu de l'Arctique. Les animaux que les baleiniers rencontraient dans ces eaux glaciales, étaient le plus souvent des rorquals. Même les chasseurs de cachalots les plus téméraires avaient autrefois renoncé à les poursuivre, mais à partir de 1904, on en découvrit dans l'Antarctique, et on commença à les chasser avec cette arme nouvelle et grâce à des bateaux plus modernes.

La fin d'une épopée

Le dépeçage s'effectuait le long du bord des bateaux à voiles, et cette méthode de dissection ne se prêtait guère à des observations scientifiques.

On prélevait le lard, les fanons, alors que la masse de l'animal se trouvait dans la mer.

Au début du xxe siècle, l'huile de baleine, réclamée par certaines industries, reprenait de la valeur. L'industrie baleinière modernisée dans ses techniques connut un nouvel essor. Elle disposait de bateaux chasseurs rapides et surtout, d'usines installées à terre aux îles Falkland, à Terre-Neuve, etc.

En 1904, les baleiniers s'attaquèrent aux grands troupeaux de rorquals qui venaient d'être découverts dans l'Antarctique. Il fallut installer des stations dans ces régions glacées, dépecer les baleines et fondre le lard. On se borna à ancrer de vieux cargos dans des baies abritées.

Peu à peu, l'activité baleinière américaine se ralentit.

Une à une, les usines de la Nouvelle-Angleterre fermèrent leurs portes. En 1921 eut lieu le dernier voyage du baleinier américain, le *Charles W. Morgan,* qui a été conservé comme une relique à Mystic Sea Port, Connecticut.

D'après R. Clarke, la fin des baleiniers à voiles se situe en 1925. Cette année-là, deux goélettes baleinières, le *John R. Manta* et le *Margareth* désarmèrent définitivement à New Bedford.

Le début du xxe siècle marqua une nouvelle phase de l'histoire de la chasse à la baleine. Les Norvégiens conçurent des bateaux-usines qui accompagnaient les navires de chasse et traitaient les prises en pleine mer. Dès 1925-1926, le navire-usine *Lancing,* grâce à une rampe énorme disposée à l'arrière, hissait sur le pont les carcasses des plus grosses baleines et les dépeçait. Ce fut un nouveau massacre. Les prises de ces navires-usines qui étaient de 13 775 en 1927-28 s'élevèrent à 40 201 en 1930-31. Il y avait alors quarante et une usines flottantes. Il en résulta une nouvelle diminution du nombre des animaux.

L'Antarctique avait été dépeuplé. Les Japonais et les Soviétiques se tournèrent de nouveau vers le Pacifique nord où ils s'attaquèrent aux cachalots et aux sei whales.

Tandis que les Japonais et les Soviétiques intensifiaient leur chasse, les Etats-Unis qui s'y étaient brillamment illustrés, y avaient complètement renoncé.

Olaus Magnus, gravures extraites du livre *Historia de gentibus septentrionalis* (1555). B.N.

Dépeçage d'un « monstre marin » qui semble être un cachalot.

Réglementation

Dès 1931-1932, les baleiniers, inquiets de la diminution du nombre des cétacés, commencèrent, d'un accord mutuel, par réduire le nombre des expéditions. Ensuite intervinrent un certain nombre de conventions entre compagnies baleinières pour fixer entre elles le nombre de baleines tuées, la production d'huile, l'ouverture et la fermeture de la chasse.

C'est en 1937 que fut signée par neuf pays la première convention baleinière, dite de Londres.

Bien que la guerre de 1940-1945 provoquât une grande pénurie d'huile, la pêche à la baleine cessa pratiquement durant les hostilités, ce qui permit au troupeau de se reconstituer en partie. La plupart des navires usines furent coulés ou convertis en tankers.

Le 7 février 1944, une réunion préliminaire reconduisit les dispositions de la convention de 1938 et afin de disposer d'une unité de mesure, définit l'unité-baleine-bleue, le BWU, c'est-à-dire la quantité d'huile fournie par une baleine bleue. Cette même réunion établit arbitrairement le principe suivant :

Une « bleue » égale 2 fins qui égalent 2 1/2 mégaptères qui égalent 6 sei whales.

Baleine bleue, fin ou rorqual, mégaptère et sei whale sont les quatre espèces de cétacés à fanons auxquelles s'attaquent les baleiniers.

En décembre 1946, les délégués de dix-neuf nations se réunirent à Washington, créèrent la Commission baleinière internationale (International Whaling Commission) et élaborèrent une convention.

Cette réglementation décide des dates d'ouverture et de fermeture de la chasse, interdit la capture d'une femelle accompagnée de son baleineau, établit des tailles minimales selon les espèces, enfin, limite le nombre des animaux capturés au cours de chaque campagne, c'est le « quota », évalué en B.W.U.

Certaines espèces sont totalement protégées : leur chasse est interdite ; ce sont les baleines franches, les baleines grises de Californie et les baleines à bosse. C'est la Commission baleinière internationale qui décide quelles espèces doivent être protégées.

Enfin, il existe pour les baleines une réserve naturelle où toute chasse est défendue, c'est la plus vaste réserve du globe : la région arctique comprise entre 70° et 160° de longitude ouest. C'est le parc naturel des géants.

Le respect de toutes ces dispositions est assuré par la présence à bord de chaque navire-usine et dans chaque station terrestre, de deux inspecteurs au moins, chargés de faire observer les règlements.

Tableau de la pêche à la baleine. Gravure de Piquet (1791). Bibliothèque Nationale.

« Depuis la fin de la guerre, écrit le professeur Budker, l'industrie baleinière a surtout vécu sur le stock des rorquals communs, les bleues et les mégaptères apportant un complément non négligeable mais peu important. » Actuellement les baleines bleues et les humpbacks étant totalement protégées, les seules espèces chassées dans l'Antarctique par les Russes et les Japonais sont la fin whale et la sei.

La fin du massacre

On a calculé — très approximativement — qu'il existait dans la mer un troupeau de 220 000 cétacés de grande taille, appartenant aux espèces les plus chassées : rorquals 75 %, baleines bleues : 15 %, mégaptères : 10 %.

Depuis vingt-cinq ans, la Commission baleinière internationale poursuit ses travaux très régulièrement.

Un comité scientifique veille scrupuleusement à la conservation des espèces. Il n'y a plus actuellement que trois pays adhérant à la Commission baleinière internationale qui pratiquent encore la chasse aux grands cétacés : la Norvège pour une très faible part, et surtout l'U.R.S.S. et le Japon qui se partagent la majeure partie des quotas.

La 23ᵉ session de la Commission baleinière internationale qui s'est tenue à Washington du 20 juin au 3 juillet 1971, a revêtu une importance particulière.

Il a été décidé que serait abandonné le système de « l'unité baleine bleue » (B.W.U.) qui aboutissait à frapper plus sévèrement certaines espèces. Les quotas seront désormais exprimés par espèce, ce qui était réclamé depuis plusieurs années par le Comité scientifique de la Commission baleinière. Le dernier quota autorisé a été de 2 300 unités, en baisse de 400 unités sur l'année précédente.

D'autre part, les Etats-Unis ont mis sur la liste des espèces en danger, les noms de huit d'entre elles qui, de ce fait, ne feront dans ce pays, l'objet d'aucun permis de chasse.

Cette décision a contribué à renforcer la protection de la faune qui constitue l'objectif fondamental de la Commission baleinière internationale. Certains pays sont encore engagés dans l'exploitation baleinière, mais les Etats-Unis viennent d'interdire l'importation sur leur territoire de tout produit provenant des espèces dont la chasse est prohibée.

glossaire

EXPLICATION
DES NOMS CITÉS
PAR
ORDRE ALPHABÉTIQUE

ACCIDENTS DE DÉCOMPRESSION

Les accidents de décompression au cours de la remontée d'un plongeur qui respire de l'air comprimé sont dus au fait que les gaz dissous dans l'organisme par suite de la pression, se libèrent pendant le retour vers la surface. Ils peuvent alors donner naissance à des *bulles* d'autant plus importantes que la remontée est plus rapide et que le séjour a été plus long et plus profond. Ces bulles entravent la circulation sanguine et peuvent provoquer « l'embolie gazeuse ».

On a donc reconnu la nécessité de ralentir la remontée afin de laisser aux gaz dissous le temps de se libérer. Des tables ont été établies qui indiquent le nombre et la durée des arrêts à effectuer en fonction de la profondeur atteinte et du temps passé à cette profondeur. Ce sont les « paliers ».

AMPHIPODE

Ordre des crustacés, sous-classe des malacostracés, super-ordre des peracarides. La carapace est toujours présente — même si elle n'est pas absolument distincte. Le premier segment thoracique et parfois aussi le second sont soudés à la tête. Le corps est comprimé latéralement : *Gammarus, Talitrus, Caprella*. Les *Cyamidae* ou poux de baleines sont dérivés des *Caprellidae*.

APNÉE

Suspension plus ou moins prolongée de la respiration.

ASDIC

Initiales de " Allied Submarine Detection Investigation Committee ".

Appareil de détection par ultrasons permettant à un bâtiment de surface de repérer un sous-marin en plongée. Comme le radar, il a été mis au point par les Anglais à la veille de la Seconde Guerre mondiale.

BALANE OU BERNACLE

Crustacé fixé, classe des entomos-

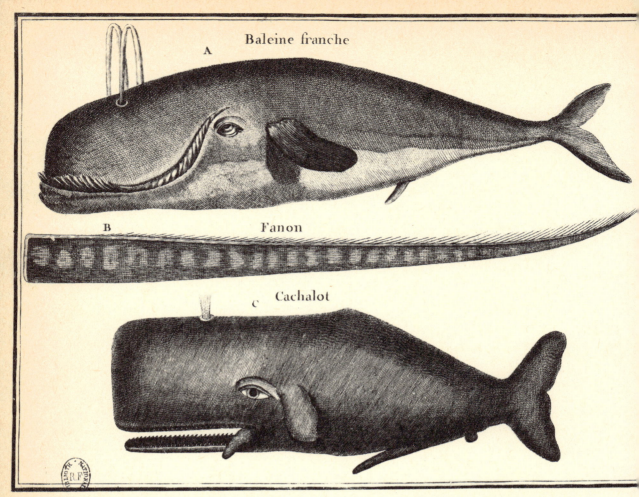

Baleine franche

A

B   Fanon

C   Cachalot

Baleine franche et cachalot. Du Reste : *Histoire des pêches, des découvertes des établissements des Hollandais dans les mers du* *nord.* An IX de la République. Bibliothèque Nationale.

tracés, sous-classe des cirripèdes. Son nom usuel est « gland de mer ».

Les balanes couvrent les rochers baignés par la mer dans toutes les parties du globe. Elles se nourrissent de micro-organismes capturés dans l'eau qui filtre à travers les soies de ses « cirres ». La larve est libre.

BALEINE

Le mot baleine vient du latin *Balaena* et du grec *Phalaina* qui désigne tout animal énorme et vorace.

Les pêcheurs des Açores qui chassent encore le cachalot au harpon à main crient « Baleia ». (Voir appendice I, les cétacés.)

BÉLUGA

On écrit aussi Bélouga. Cétacé odontocète de la famille des monodontidés, genre *Delphinapterus*. Il fréquente les régions arctiques de l'Amérique du Nord. Mais on le rencontre également le long des côtes en eau peu profonde, ainsi que dans les baies.

Il mesure entre 3,75 mètres et 4,25 mètres de long. Son poids est de 225 kilos à 675 kilos. Il ne possède pas de nageoire dorsale. En vieillissant, la peau du béluga s'éclaircit et passe du gris foncé au blanc jaunâtre.

Les sons qu'il émet sont graves.

Il voyage par groupes d'une dizaine d'individus. Il se nourrit en eau profonde, de carrelets, de calmars et de crustacés. Il représente une proie facile pour l'orque.

La maturité sexuelle de la femelle est atteinte vers les trois ans lorsqu'elle mesure environ 2,75 mètres de long. La période de gestation est de quatorze mois. La mise bas a lieu entre mars et mai. A la naissance, le petit mesure environ 1,50 mètre. Sa croissance est de 1 mètre par an pendant les deux premières années.

La couche protectrice de graisse a une épaisseur de 10 à 20 centimètres. Lorsque cette graisse est fondue, elle produit jusqu'à 200 litres d'huile par animal.

L'emploi du mot « béluga » entraîne de nombreuses confusions étant donné que ce nom désigne également l'esturgeon blanc, qui fournit le caviar à gros grains. Le nom n'apparaît d'ailleurs qu'au XIXᵉ siècle, emprunté au russe *bieluha,* de bieley, blanc.

BERNACLE

Voir Balane

CACHALOT

Le mot cachalot, qui apparaît en 1751 dans *l'Encyclopédie,* est emprunté au portugais — cachalotte — proprement à « grosse tête », ou à l'espagnol, cachalot.

« Jusqu'au XVIIᵉ siècle, on rangeait tous les cétacés sous l'étiquette baleine, aussi bien le dauphin que le cachalot. » (Voir appendice I, les cétacés.)

LE CACHALOT PYGMÉE

Le cachalot pygmée, famille des phy-

sétéridés, genre kogia, fréquente les eaux de l'Atlantique, du Pacifique et de l'océan Indien.

Sa longueur est de 2,75 mètres à 4 mètres. La nageoire dorsale, située au milieu du dos, est recourbée comme une faucille. La largeur de sa nageoire caudale est de 0,60 mètre. Son poids varie de 180 à 320 kilos. La tête qui occupe le sixième de la longueur totale ressemble à celle d'un marsouin.

Les habitudes de ces cétacés ne sont pas très bien connues. On sait qu'ils voyagent en groupes, se dirigent vers les pôles en été et reviennent vers les eaux tempérées et chaudes en automne et en hiver pour que les femelles puissent mettre bas. L'accouplement dure très longtemps. La période de gestation est d'environ neuf mois. Une femelle de 3 mètres qui s'était échouée donna naissance à un petit cachalot de 1,75 mètre qui pesait 80 kilos.

CALMAR

Céphalopode décapode (à dix bras) armés de ventouses, du groupe des teuthoïdes.

Le genre loligo que l'on consomme sous le nom d'encornet, ne mesure qu'une vingtaine de centimètres de long. Mâles et femelles forment à certaines saisons des rassemblements nuptiaux énormes. Ce fut le thème d'un des films de « l'Odyssée sous-marine de l'équipe Cousteau » : « la Nuit des calmars ».

Le chiroteuthis dont les tentacules sont très longs et le corps mince, est un nageur remarquable.

L'architeuthis, qui est l'adversaire et la proie des cachalots, est le géant du groupe. C'est lui qui a donné naissance à tous les récits évoquant des monstres marins : les serpents de mer, et particulièrement, le « kraken » des Norvégiens.

Le corps peut atteindre 6 mètres de long et les tentacules 12,50 mètres.

L'architeuthis est mal connu. Il vit dans les grands fonds jusqu'à 3 000 ou

4 000 mètres et ne remonte guère à la surface que la nuit. Sa capture est exceptionnelle et difficile.

CAMÉRA AUTOMATIQUE A FLASH EDGERTON

Le professeur Harold E. Edgerton, du Massachusetts Institute of Technology a conçu un équipement de flash électronique spécialement pour la « Troïka », engin de recherches sous-marines mis au point par l'Office français de recherches sous-marines, selon les plans de J.Y. Cousteau. C'est un traîneau remorqué sur le fond par la *Calypso* et qui permet une photo rapprochée du relief sous-marin. Il comprend une caméra et un flash branchés sur une batterie. Le dispositif se met en marche automatiquement en touchant le fond.

CÉPHALOPODE

Classe du groupe des mollusques qui comprend quatre sous-classes : les décapodes, les octopodes, les nautiles et les vampiromorphes.

Les décapodes, pourvus de dix bras munis de ventouses, sont représentés par les spirules à coquille interne, les seiches, les sépioles et les teuthoïdes, les calmars parmi lesquels on range loligo, chiroteuthis, et architeuthis, céphalopode géant qui est la proie favorite des cachalots.

Les octopodes qui ont huit bras également pourvus de ventouses, comprennent les pieuvres vivant dans des terriers (octopus), l'élédone, dont l'habitat se situe plus loin des côtes, l'ocythoë dont la femelle pèse plusieurs kilogrammes tandis que le mâle est minuscule, et les argonautes dont la femelle sécrète une pseudo-coquille qui lui sert de nid.

Les nautiles ne se trouvent que dans la région Indo-Pacifique. Ils sont pour-

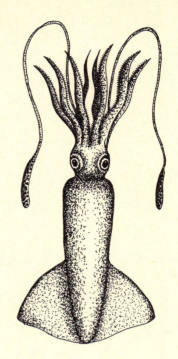

Calmar.

vus d'une coquille dont ils occupent la dernière chambre. Ce sont les seuls dont les bras ne sont pas munis de ventouses.

Enfin les vampiromorphes sont des êtres fantastiques aux yeux énormes et pourvus d'organes lumineux. Ce sont de véritables fossiles vivants découverts récemment.

CÉTOLOGUE

Zoologiste spécialisé dans l'étude des cétacés.

CHIROPTÈRES

Ordre des chiroptères. Ce sont les chauves-souris. Mammifères nocturnes caractérisés par leur aptitude au vol grâce à de larges surfaces membraneuses situées entre les doigts très allongés de leurs mains.

En vol, ils émettent continuellement des ultrasons dont les échos les renseignent sur les obstacles et les proies, ce qui leur permet de se déplacer dans l'obscurité.

CLAM

Nom usuel d'un mollusque bivalve comestible, *Venus mercenaria,* qui vit enfoncé dans la vase ou le sable.

CORYPHÈNE

C'est un magnifique poisson des mers chaudes, aux couleurs métalliques étincelantes. Il appartient à la famille des coryphaenidés. Il en existe deux espèces : *Coryphaena hippurus* et *Coryphaena equisetis.*

LE DAUPHIN COMMUN

Le dauphin commun, famille des delphinidés, genre *Delphinus,* fréquente toutes les mers chaudes et tempérées et plus rarement les eaux froides. On le rencontre par groupes d'une vingtaine d'individus.

La taille du dauphin commun varie de 1,50 mètre à 2,50 mètres, rarement plus, et il pèse environ 75 kilos.

La couleur de la peau va du brun au noir sur le dos, au blanc sur le ventre. Une raie plus foncée va du pourtour de l'œil jusqu'au museau. Le dauphin se nourrit, en eaux peu profondes, de poissons et de céphalopodes.

La période de gestation est d'environ neuf mois.

D.S.L.

Pendant la Deuxième Guerre mondiale, on a nommé D.S.L. (« Deep Scattering Layers », c'est-à-dire couches diffusantes profondes), des couches énigmatiques détectées par les sonars à des profondeurs et dans des régions extrêmement diverses des océans.

Des observations ont révélé que ces couches montent vers la surface durant la nuit et redescendent à la lumière du jour. Il est apparu qu'elles étaient constituées par des animaux marins que le professeur H.E. Edgerton du Massachusetts Institute of Technology a pu photographier, depuis la *Calypso,* grâce à des flashes électroniques.

Cette couche vivante est principalement composée de copépodes, de méduses, de siphonophores, d'œufs et de larves.

ÉCHO LOCATION

Mode d'orientation de plusieurs animaux aussi bien des chauves-souris et des oiseaux que des cétacés qui se guident d'après l'écho des ultrasons qu'ils émettent.

ÉVENT

C'est la « narine » des cétacés. Il en existe deux, mais une seule est fonctionnelle chez le cachalot. Cet organe est sans communication avec les voies alimentaires et présente une assez grande complication anatomique.

A l'intérieur de l'évent, dont l'ouverture est commandée par un muscle puissant, il existe de part et d'autre de l'orifice, des poches à air dilatables. Deux « lèvres » intérieures contrôlent la sortie de l'air et contribuent à la modulation des sons. En outre, une lamelle charnue en forme de « langue » permet au cétacé de clore plus ou moins hermétiquement l'évent.

FAUX-NEZ

La *Calypso,* ancien dragueur de mines, a été considérablement transformée pour être adaptée à la recherche scientifique sous-marine.

Un « faux-nez » notamment a été placé devant l'étrave. C'est un puits métallique qui descend à 2,50 mètres sous la flottaison et qui se termine par une chambre d'observation. Cinq hublots permettent de voir et de filmer ce qui se passe dans l'eau, même pendant la marche du navire.

HARPON

Cette arme utilisée dès la préhistoire pour la pêche et la chasse était en bois de renne ou en os, avec un ou deux rangs de barbelures.

La harpé — mot grec dérivé du sémitique « Hereb » — figure sur des monuments du IIIe millénaire avant J.-C.

En basque, le mot arpoi signifie « prendre vivement ».

Le harpon est attesté par un texte datant de 1474. Le modèle de harpon à tête basculante a représenté un perfectionnement important : dans une arme de ce type, un élément pivotant dans la tête du harpon se place en travers de la plaie, et s'oppose à ce que l'animal en se débattant réussisse à se décrocher.

HYPEROODON

Ce cétacé odontocète, de la famille des ziphiidés, fréquente l'Atlantique nord pendant l'été et descend vers le sud en hiver, parfois jusqu'à la Méditerranée. Les mâles adultes ont environ 9 mètres de long et les femelles 7,5 mètres. Pour une longueur d'environ 6 mètres, le poids d'une femelle est de 2,5 tonnes. La couleur de la peau varie du noir au gris, elle s'éclaircit avec l'âge. Ceux qui n'ont pas atteint l'âge adulte sont souvent tachetés de jaune et de blanc.

Il n'existe que deux dents à la pointe de la mandibule chez les mâles.

Ils restent entre dix et vingt minutes sous l'eau pour se nourrir, mais peuvent y demeurer beaucoup plus longtemps lorsqu'ils sont harponnés. Ils voyagent par groupes de quatre à douze individus. Ils se nourrissent principalement de calmars et de seiches.

La période de gestation est de douze mois environ. La longueur du petit hyperoodon à la naissance est de 3 mètres environ.

Un mâle adulte de 9 mètres de longueur peut donner 2 tonnes d'huile et 100 kilogrammes de spermaceti, semblable au spermaceti des cachalots.

IVRESSE DES GRANDS FONDS

C'est une narcose dont certaines personnes sont victimes dès 40 mètres alors que d'autres ne la ressentent que plus bas, plus tard et parfois trop tard.

Cette ivresse, constatée lors des plongées en scaphandre alimenté à l'air, est liée à la présence de l'azote. Elle entraîne une modification dangereuse des facultés de raisonnement du plongeur. En remplaçant, dans le mélange respiratoire, l'azote par un gaz plus léger du type hélium, on recule notablement le seuil de l'ivresse.

JONAS

Le cinquième des « petits prophètes » d'Israël vivait au VIIIe siècle avant J.-C.

Pour se dérober aux ordres du Seigneur qui lui avait commandé d'aller prédire aux Ninivites la destruction de leur cité, il s'embarqua sur un bateau qui fut bientôt assailli par la tempête.

Persuadé que sa désobéissance, origine de la colère divine, allait causer la perte du navire, il conseilla aux matelots de le jeter à la mer. Ce qu'ils firent.

Avalé par une baleine, il passa trois jours dans le ventre de l'animal et y composa un cantique qui nous a été conservé. Il fut rejeté vivant sur le rivage. Il est juste de dire qu'après cette dure leçon, il se rendit enfin à Ninive où il s'acquitta de sa mission qui d'ailleurs se déroula au mieux.

Le livre de Jonas, qui relate ses aventures, est nettement postérieur à ce miracle.

KRILL

Euphausia superba, petit crustacé scyizopode, de 6 centimètres de long.

LÉVIATHAN

Par son énormité, par son aspect monstrueux, la baleine a de tout temps suscité l'étonnement des hommes. Le Léviathan, monstre de la mythologie phénicienne, est surtout connu par la Bible.

Pour donner à Job une image de sa puissance, Yahvé lui décrit le Léviathan : « Du sein des mers sortaient des baleines semblables à des îles et les léviathans hideux rampant sur le sable

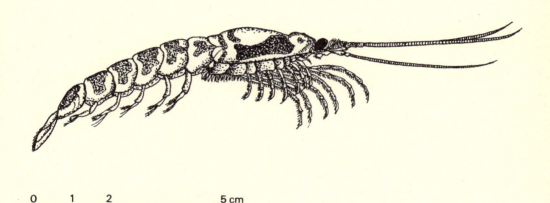

0 1 2   5 cm

Le krill, *Euphausia superba,* petit crustacé dont se nourrissent les baleines.

Cette crevette pélagique a une tête, des appendices de couleur orange et le ventre vert. Cette couleur verte qu'on voit à travers la paroi mince de l'estomac est due aux diatomées (algues) dont il se nourrit.

Ce crustacé, qui est un des éléments constitutifs du plancton, vit dans les eaux froides. Il est beaucoup plus abondant dans l'Antarctique que dans l'Arctique. Il se multiplie avec une rapidité extraordinaire pendant l'été antarctique et couvre la mer d'une nappe rouge-brun. Il est abondant sur une couche de 9 mètres, mais on en a trouvé jusqu'à 900 mètres de profondeur. Il lui faut deux ans, après éclosion, pour atteindre la maturité.

avec des crocodiles de vingt brasses. L'homme est devant la mer comme un enfant devant la bauge d'un léviathan. »

Dans Isaïe, il est dit : « En ce temps-là, le Seigneur avec son glaive dur, grand et fort, châtiera Léviathan et il immolera la baleine qui est dans la mer. »

De bons juges ont pensé que la description donnée par Yahvé correspondait exactement à l'aspect du cachalot. Le « souffle » lui-même est évoqué : « Une fumée sort de ses narines, comme d'une chaudière ardente et bouillante, dans son cou réside la force, devant lui bondit l'épouvante. »

Mais tous les commentateurs ne sont

pas d'accord sur la nature exacte de ce monstre, en qui certains verraient plutôt un crocodile.

Voici la description toute négative que l'on trouve au chapitre XL du livre de Job : « Et Léviathan, le pêches-tu à l'hameçon, avec une corde, comprimes-tu sa langue ? Fais-tu passer un jonc dans ses naseaux, avec un croc perces-tu sa mâchoire ?... Pose seulement la main sur lui : au souvenir de la lutte, tu ne recommenceras plus ! Ton assurance serait illusoire, car sa vue seule suffit à terrasser. »

Dans l'Apocalypse d'Isaïe, le Léviathan représente la puissance païenne qui doit se soumettre à Yahvé.

OPÉRATION LUMEN

Etude faite en Méditerranée par l'équipe Cousteau de la propagation horizontale de la lumière à moins 25, 50, 100, 150, 200 et 250 mètres en utilisant la soucoupe plongeante S.P. 350.

LE MARSOUIN

Le marsouin, cétacé odontocète, de la famille des delphinidés, genre phocaena, se rencontre depuis l'océan Arctique jusqu'à la côte ouest de l'Afrique. Il fréquente également la côte ouest du Mexique.

Sa longueur varie de 1,20 mètre à 1,80 mètre. Son poids est d'environ 75 kilos. La peau est blanche sur le ventre et presque noire sur le dos. Les dents, en forme de lames, sont au nombre de cinquante-quatre.

Il voyage par couples, et en groupes comprenant une centaine d'individus. Le marsouin nage à peu de distance de la surface de l'eau et remonte à l'air pour respirer, environ quatre fois par minute. Il se nourrit de petits poissons groupés en banc, très près de la surface de l'eau.

Le requin et l'orque sont ses pires ennemis.

L'accouplement se produit à la fin du printemps et en été. La période de gestation est de onze mois. A la naissance, la longueur du petit marsouin est environ la moitié de celle de sa mère.

Son nom vient du scandinave « Mar Svin », porc de mer. A l'époque d'Henri VIII, la viande de marsouin était un plat très recherché.

LE MELON

Partie antérieure de la tête du cachalot et de certains autres odontocètes qui contient une matière huileuse, assez voisine de la cire, le spermaceti, dont la fonction biologique n'est pas clairement établie.

Cet organe donne jusqu'à 5 tonnes de matière grasse d'une qualité supérieure à l'huile de baleine.

« MOBY DICK »

C'est la plus célèbre des œuvres du romancier américain Herman Melville. Elle est consacrée à la chasse des cétacés, telle que la pratiquaient les navires à voiles du XIXe siècle.

Le livre évoque la lutte entre Moby Dick, un cachalot blanc, et le capitaine Achab qui s'est juré de le tuer. Récit très fidèle de cette chasse épique, l'ouvrage est aussi une évocation poétique et symbolique du combat de l'homme contre le mal incarné dans « la bête ».

Achab, qui veut dominer le désordre du monde, sera finalement vaincu et mourra, victime du monstre : les forces du mal l'emportent. Cette conception pessimiste de la destinée humaine est exprimée dans une langue magnifique qui doit beaucoup à la Bible, à Shakespeare et aux écrivains anglais du XVIIIe siècle.

L'œuvre, qui n'eut aucun succès du

vivant de son auteur, ne connut la gloire qu'après la Première Guerre mondiale. John Huston tira un film de « Moby Dick » en 1956.

Herman Melville est né le 1er août 1819 à New York dans une famille de huit enfants. A treize ans, il perd son père ; obligé de gagner sa vie, il exerce différents métiers : employé de banque, employé de commerce, maître d'école.

Le 3 janvier 1841, il s'embarque sur le baleinier *Acushnet* qui franchit le cap Horn et parcourt le Pacifique sud. En juillet 1842, il déserte au cours d'une escale à Nuku Hiva, aux îles Marquises. Il s'embarque de nouveau trente et un jours plus tard sur un baleinier australien, le *Lucy-Ann,* dont le capitaine est fou. La vie sur ce voilier est pire que sur l'*Acushnet.*

Il déserte à Tahiti avec une grande partie de l'équipage. Fait prisonnier, il s'évade, gagne l'île voisine d'Eimo et, au bout de deux mois, s'engage sur un baleinier de Nantucket, le *Charles et Henry* qui le laisse aux îles Hawaï d'où il gagne Honolulu.

Le 17 août 1843, il s'embarque sur la frégate de la marine américaine, *United States,* qui, quatorze mois plus tard, le débarque à Boston.

Sa vie d'aventures a duré exactement trois années et neuf mois. Avec deux désertions, il ne peut pas passer pour le modèle des baleiniers et des marins. Il rapporte une expérience incomparable, mais assez rapidement acquise, et il se met à écrire deux récits : « Typee » et « Omoo », parus en même temps à Londres et à New York en 1846 et 1847. Ce sont deux succès.

Son livre suivant, « Mardi », est en revanche un échec total. Il quitte New York en 1850 et s'installe avec sa famille à Arrowhead, près de Pittsfield, dans le Massachusetts. C'est là qu'il écrit « Moby Dick », son chef-d'œuvre, qui passe à peu près inaperçu. D'autres livres ont à peine plus de retentissement : « Pierre ou Les ambiguïtés » en 1852, « Israël Potter » en 1855, « Be-

nito Cereno » et « Piazza Tales » en 1856. Il tombe malade et en 1866 il accepte, pour vivre, un poste aux douanes du port de New York. Après avoir publié à ses frais deux volumes de poésie, il meurt en 1891. Il devait attendre la gloire pendant trente ans encore.

NAGEOIRE

Les nageoires pectorales des cétacés

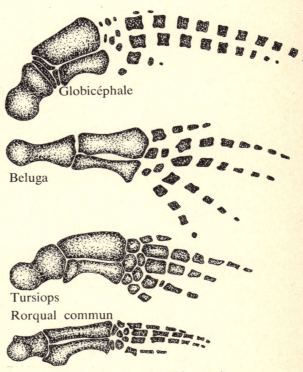

Radiographie des nageoires de différents cétacés. On remarquera que le rorqual n'a que quatre « doigts ».

donnent à penser que ceux-ci étaient primitivement des mammifères terrestres.

A la radiographie, on peut voir les os des cinq « doigts » (sauf pour les rorquals), d'un « poignet » et d'un « bras ».

LE NARVAL

Cétacé odontocète, famille des mono-dontidés, fréquente les mers de l'Arctique, longe les côtes et parfois pénètre dans l'embouchure des fleuves.

Sa longueur varie de 3,50 à 5 mètres, défense non comprise. Cette défense est en fait une dent située à droite du museau qui s'est développée en spirale jusqu'à atteindre une longueur de 2,70 mètres. Cette modification ne se produit que chez le mâle.

Le narval n'a pas de nageoire dorsale, mais seulement une légère saillie ou « crête » dorsale.

Contrairement à une opinion répandue, cette défense ne sert pas à casser la glace et elle n'est pas non plus une arme.

Dans l'antiquité, cette défense était vendue comme corne de licorne. Très recherchée pour les propriétés médicales qu'on lui attribuait, elle fut introduite en Europe par les Norvégiens qui chassaient le narval en Islande et au Groenland.

Le narval voyage par groupe de six à dix individus, les mâles et les femelles étant très souvent séparés. Il se nourrit de seiches, de crustacés et de poissons.

La période de gestation de la femelle n'est pas connue. A la naissance, le petit mesure environ 1,50 mètre de long et reste auprès de sa mère pendant quelque temps.

PHOTOTROPISME

Tendance que montrent les poissons à se déplacer vers des eaux plus ou moins éclairées que celles où ils se trouvent.

En botanique, c'est l'action de rayons lumineux sur l'orientation des tiges et des racines.

PHYTOPLANCTON

Plancton constitué par des végétaux qui, grâce à l'énergie du soleil (photosynthèse), concentrent dans leurs tissus des matières organiques nutritives que dévore le plancton animal ou zooplancton (voir ce mot).

Le phytoplancton est exclusivement constitué par des formes unicellulaires : des diatomées qui abondent dans les mers froides et tempérées, des dinoflagellés dans les mers chaudes, des coccolithophoridés, des cyanophycées ou algues bleues, etc.

PINNIPÈDE

L'ordre des pinnipèdes compte trois familles :
— les otaridés (les lions de mer, les otaries à fourrure) ;
— les odobénidés (les morses) ;
— les phocidés (les phoques et les éléphants de mer).

Ce sont des mammifères qui mènent une existence amphibie. Ils se nourrissent de poissons et de crustacés. On en trouve dans toutes les mers sauf dans l'océan Indien, avec une concentration plus forte dans les mers polaires.

PLATIER

A faible profondeur, les coraux forment dans les mers tropicales un plateau plus ou moins long et plus ou moins continu, qui s'étend le long du rivage ou au sommet d'un récif en pleine mer : c'est le platier.

PORTIQUE

Mâture double en métal léger qui a été édifiée le plus en avant possible de la *Calypso*. Elle constitue une véritable passerelle supérieure qui supporte le radar et offre un poste d'observation élevé qui nous rend de grands services. C'est de là que des veilleurs guettent les animaux marins ou repèrent les récifs au cours des navigations difficiles parmi les coraux.

LE SCAPHANDRE AUTONOME

Le scaphandre autonome actuel, conçu en 1943 par le commandant Cousteau et l'ingénieur Emile Gagnan, est un appareil respiratoire dit « à circuit ouvert » car l'air vicié de la respiration est évacué directement dans l'eau. C'est également un appareil dans lequel l'air est débité « à la demande », à chaque aspiration, et non pas d'une façon continue.

Il comporte une ou plusieurs bouteilles d'air comprimé à haute pression, fixées sur le dos du plongeur. Un « détendeur » délivre l'air, à chaque aspiration, à une pression toujours égale à celle de l'eau ambiante. L'évacuation de l'air vicié se fait sous le capot même du « détendeur » par un « bec de canard ». Un embout buccal est relié au détendeur par deux tuyaux souples, l'un destiné à l'inspiration et l'autre à l'expiration.

C'est cet appareil simple et sûr, entièrement automatique, d'un apprentissage facile, qui a rendu la plongée accessible à un très vaste public et a permis l'exploration sous-marine. Son invention marque une étape décisive dans l'histoire de la pénétration de l'homme dans l'eau et même dans l'évolution de la condition humaine.

Le scaphandre autonome Cousteau-Gagnan constitue une véritable révolution par rapport au scaphandre à casque et à tuyau, d'un emploi compliqué, d'un maniement pénible et dangereux, d'un apprentissage difficile et qui limite le champ d'action du scaphandrier à une faible portion du fond.

Si, au cours des vingt-cinq années qui viennent de s'écouler, la mer s'est véritablement ouverte aux hommes, c'est grâce au scaphandre autonome qui constitue un instrument d'exploration et de recherche scientifique plus encore qu'un engin de sport. Les accessoires indispensables à cet appareil sont : les palmes de propulsion dues au commandant de Corlieu, le masque, et une ceinture lestée de quelques kilos de

Scaphandre autonome Cousteau-Gagnan

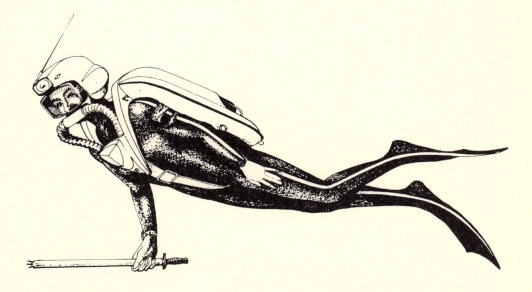

plomb pour annuler la flottabilité du corps humain.

L'homme a donc acquis son autonomie dans la masse des eaux, mais il doit compter avec les deux dangers qui menaçaient déjà les scaphandriers à casque : l'ivresse des grands fonds, et les accidents de décompression à la remontée.

SIPHONOPHORE

Cnidaire de la classe des hydrozoaires. Animal exclusivement marin, adapté à la vie flottante, fragile, transparent et dont les couleurs irisées sont souvent magnifiques.

Les siphonophores sont des colonies d'hydrozoaires qui, ayant abandonné la vie fixée, sont devenues errantes. En même temps, les individus de la colonie se sont modifiés pour remplir des rôles précis et différenciés. L'axe de la colonie est constitué par une tige ou stolon dont l'extrémité contient une vessie emplie d'air servant de flotteur : le « pneumatophore ».

Les siphonophores se nourrissent de proies animales qu'ils capturent grâce à des filaments venimeux qui peuvent offrir un certain danger pour l'homme.

Ils se reproduisent par des œufs et aussi par des bourgeons en forme de méduse.

SIRÉNIENS

Ordre des mammifères aquatiques aux membres antérieurs transformés en nageoires pectorales. Les membres postérieurs sont absents. La nageoire caudale est aplatie horizontalement.

Après la disparition des rhytines, exterminées par l'homme au XVIII⁰ siècle, il n'existe plus aujourd'hui que deux familles : les halicoridés ou dugongs et les manatidés ou lamantins.

Les dugongs se rencontrent dans la zone Indo-Pacifique. Ils atteignent 3 mètres pour un poids de 200 kilos.

Ils vivent solitaires ou en petits groupes et se nourrissent d'algues et d'herbes marines qui poussent dans les eaux peu profondes. Les femelles ont des mamelles pectorales développées. La chair, l'huile, le cuir des dugongs sont très estimés par diverses peuplades qui les ont massacrés en de nombreux endroits où leurs populations sont extrêmement clairsemées.

Les lamantins comptent trois espèces réparties sur les côtes orientales d'Amérique, sur les côtes d'Afrique et dans le bassin du Tchad. Ils fréquentent les fleuves et leurs estuaires.

Ils sont plus grands que les dugongs, atteignant 4,50 mètres de long pour un poids de 680 kilos.

Strictement végétariens, ils se nourrissent de plantes aquatiques qu'ils arrachent avec leur lèvre supérieure.

Ils vivent généralement en petits groupes et sont menacés d'extinction, au moins dans certaines régions, étant sans défense et sans méfiance contre les attaques des hommes.

SONAR

Sound Navigation Ranging, équipement de détection et de communications sous-marines analogue au radar et basé sur la réflexion des ondes sonores ou supersoniques.

SONDER

Se dit des cétacés lorsqu'ils piquent vers le fond.

SOUCOUPE PLONGEANTE

Plusieurs types de soucoupes plongeantes, conçues par le commandant Cousteau, ont été réalisées par le Centre d'études marines avancées de Marseille.
— *La S.P. 350,* capable d'emmener deux passagers. Elle est munie d'une caméra cinématographique, d'un appa-

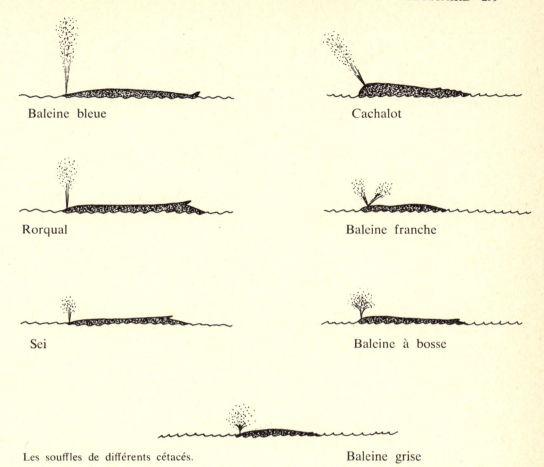

Baleine bleue

Cachalot

Rorqual

Baleine franche

Sei

Baleine à bosse

Baleine grise

Les souffles de différents cétacés.

reil photo, d'une pince à prélèvement hydraulique et d'un panier de stockage. Elle a effectué plus de 600 plongées.
— *La S.P. 1000* ou Puce de mer. Monoplace, est destinée à effectuer des plongées en duo. Elle comporte deux caméras extérieures de 16 ou 35 mm, télécommandées, des magnétophones pour l'enregistrement des bruits sousmarins. Elle a effectué plus de 100 plongées.
— *La S.P. 4000* ou Deepstar, capable de descendre à 1 200 mètres, construite pour le compte de la compagnie américaine « Westinghouse » et lancée en 1966. Elle peut emmener deux passagers et se déplace à une vitesse de

3 nœuds. Elle a effectué plus de 500 plongées.
— *La S.P. 3000* actuellement aux essais en mer, construite pour le compte du CNEXO. Elle est prévue pour se déplacer à la vitesse de 3 nœuds et peut emmener trois passagers.

SOUFFLE

Lorsqu'un cétacé fait surface pour respirer, il émet à travers un ou deux évents, un « souffle » visible de loin. C'est une buée blanchâtre, qui ne peut être attribuée à la condensation de la vapeur d'eau dans l'air froid. Même sous les tropiques, le souffle est bien visible.

Un cétacé ne peut pas chasser de l'eau par les évents : il n'existe aucune communication entre sa bouche et ses poumons.

Le biologiste français Paul Portier a émis l'hypothèse que la détente, dans l'atmosphère, de l'air fortement comprimé dans le thorax des cétacés, entraînerait la condensation de la vapeur d'eau contenue dans le souffle.

F.C. Fraser et P.E. Purves ont reconnu la présence, dans les poumons des cétacés, de très fines gouttes d'huile et de mucus qui pourraient expliquer la visibilité du souffle. Cette émulsion d'huile dans les voies respiratoires jouerait un rôle dans l'absorption de l'azote.

Chaque espèce de cétacés montre une forme particulière de souffle. Chez la baleine bleue et le rorqual commun, c'est un seul panache qui monte jusqu'à 8 ou 15 mètres de haut. Le souffle de la baleine franche est double, tandis que celui du cachalot est unique, incliné de 45 degrés sur la gauche de l'animal.

TÉGÉA

Objectif Kinoptik 5,7 mm qui s'adapte sur les caméras et permet l'augmentation de l'angle de prise de vues de façon à obtenir un champ très large.

Cet objectif est adapté sur une caméra spéciale qui possède un ensemble optique correcteur pour la prise de vues sous-marines.

ZOOPLANCTON

Ou plancton animal. Il est concentré dans la couche éclairée de la mer. C'est là que les animaux carnivores s'alimentent. Le zooplancton se livre à des migrations verticales : il occupe la nuit les couches voisines de la surface et se réfugie le jour à une profondeur plus grande. Dans certains cas, c'est l'éclairement lui-même qui provoque la descente de certaines espèces.

On y trouve entre autres les radiolaires, les acanthaires, les foraminifères, les cnidaires, les cténaires, un grand nombre de crustacés et de mollusques.

Gravure extraite du livre de Rondelet : *Histoire complète des poissons* (1558). Bibliothèque Nationale.

bibliographie

Paul Budker,
BALEINES ET BALEINIERS,
Paris 1955.

Richard Fitter,
LES ANIMAUX SAUVAGES
EN VOIE DE DISPARITION DANS LE MONDE,
Paris 1970.

Kenneth S. Norris,
WHALES, DOLPHINS AND PORPOISES,
Los Angeles 1966.

L.H. Matthews,
THE WHALE,
Londres 1968

Sarah R. Riedman et Elton T. Gustafson,
HOME IS THE SEA FOR WHALES,
1966.

Mario Ruspoli,
A LA RECHERCHE DU CACHALOT,
1955.

E.J. Slijper,
WHALES,
Londres 1962.

Ernest P. Walker,
MAMMALS OF THE WORLD,
Baltimore 1968.

Theodore J. Walker,
WHALE PRIMER,
1962.

origine
des documents
reproduits

Bibliothèque nationale, Paris : 29 - 247 - 271 - 272 - 277 - 278 - 280 - 283 - 288 - 300.
Roger-Viollet : 272.
Service photographique de l'Ambassade des Etats-Unis : 17.
Collection Jean-Horace Chambon : 197 - 197.

Les photos publiées dans ce livre sont de Georges Barsky, Ron Church, Philippe Cousteau, François Dorado, Frédéric Dumas, Albert Falco, André Laban, Dr Claude Millet, Yves Omer, Jacques Renoir et Ludwig Sillner.

Quelques-unes des photos prises à la surface ont été choisies dans les collections personnelles des membres de l'équipe.

Iconographie : Marie-Noëlle Favier.

Nous remercions Monsieur Jean-Horace Chambon d'avoir bien voulu nous permettre de reproduire deux dents de cachalots gravées faisant partie de ses collections.

Dépôt légal 2e trimestre 1972 – Flammarion, éditeur, No 10 061
Imprimé en Allemagne, Mohndruck Gütersloh